HIIT
HIGH INTENSITY INTERVAL TRAINING FÜR FRAUEN

Penguin Random House

Cheflektorat Billy Fields
Redaktionsleitung Mike Sanders
Redaktion Brook Farling, Ann Barton
Gestaltung und Satz XAB Design, Ayanna Lacey
Herstellung Janette Lynn
Umschlaggestaltung Nicola Powling
Fotos Matt Bowen

Für die deutsche Ausgabe:
Programmleitung Monika Schlitzer
Redaktionsleitung Caren Hummel
Projektbetreuung Manuela Stern
Herstellungsleitung Dorothee Whittaker
Herstellungskoordination Ksenia Lebedeva
Herstellung Inga Reinke

Titel der englischen Originalausgabe:
High Intensity Interval Training for Women

© Dorling Kindersley Limited, London, 2015
Ein Unternehmen der Penguin Random House Group
Alle Rechte vorbehalten

© der deutschsprachigen Ausgabe by
Dorling Kindersley Verlag GmbH, München, 2016
Alle deutschsprachigen Rechte vorbehalten

Jegliche – auch auszugsweise – Verwertung, Wiedergabe,
Vervielfältigung oder Speicherung, ob elektronisch, mechanisch,
durch Fotokopie oder Aufzeichnung, bedarf der vorherigen
schriftlichen Genehmigung durch den Verlag.

Übersetzung Anke Wellner-Kempf
Lektorat Julia Niehaus

ISBN 978-3-8310-2995-2

Druck und Bindung C&C Offset Printing, China

Besuchen Sie uns im Internet
www.dorlingkindersley.de

Hinweis
Die Informationen und Ratschläge in diesem Buch sind vom
Autor und vom Verlag sorgfältig erwogen und geprüft, dennoch
kann eine Garantie nicht übernommen werden.
Eine Haftung der Autoren bzw. des Verlags und seiner Beauftragten
für Personen-, Sach- und Vermögensschäden ist ausgeschlossen.
Konsultieren Sie vor dem Training Ihren Arzt.

HIIT

HIGH INTENSITY INTERVAL TRAINING FÜR FRAUEN

Sean Bartram

INHALT

008 Über dieses Buch
010 Die Models

012 **01 HIIT-Grundlagen**
014 Was ist HIIT?
016 So funktioniert HIIT
018 Vorteile von HIIT
020 Richtige Ernährung
022 Was Sie brauchen
024 Testen Sie Ihre Fitness
026 Ziele setzen
028 Erholung

030 **02 Vor und nach dem Work-out dehnen**
032 Vorbeuge aus dem Stand und halbe Vorbeuge
033 Ausfallschritt I
034 Tiefer Ausfallschritt
035 Gestreckte Winkelhaltung
036 Pyramide
037 Hüftöffner

038 **03 HIIT-Übungsfolgen für Einsteiger**
040 Stufe 1: Einfach HIIT
041 Stufe 1: Die fabelhaften Vier
042 Stufe 1: Enduro
043 Stufe 1: Jede Sekunde zählt
044 Stufe 1: Dreimal drei
045 Stufe 2: HIIT Me Again
046 Stufe 2: Hoch und tief
047 Stufe 2: Fantastisch fit
048 Stufe 2: Mit HIIT ins Ziel
049 Stufe 2: Kein Stillstand
050 Stufe 3: Schneller, länger, stärker!
051 Stufe 3: Die Kraft der Drei
052 Stufe 3: Beine in Bestform
053 Stufe 3: Core-fit
054 Stufe 3: Countdown

056 **04 HIIT-Übungsfolgen zum Auspowern**
058 Leg einfach los!
059 Beinhölle
060 Fit von Kopf bis Fuß
062 Zyklus
063 Burpee total
064 Gib alles!
066 Hol dir Schwung!
067 Schlanke Schenkel
068 Dreisatz
070 Fit wie Jumping Jack
071 Mission Bauchfrei
072 Alles in Action
074 Core-Killer
075 Auf dem Sprung
076 Feurige Fünf
078 Großes Einmaleins
079 Hard-Core
080 Stark & straff
082 Strahlender Stern
083 Sprint intensiv
084 Trio terrible
086 Bikinifigur
088 In die Knie!
090 Bleib am Ruder
091 Knackiger Po
092 Kreislauf-Turbo
094 Figurformung und Fettabbau
096 Voll Stoff
098 Fit in 4 Minuten
100 Perfekt fit
104 30 Minuten Allround
108 Powerstunde 1
110 Powerstunde 2
112 Powerstunde 3

114 **05 HIIT-Trainingspläne**
116 3-Tage-Trainingsplan
118 7-Tage-Trainingsplan
120 14-Tage-Trainingsplan
122 28-Tage-Trainingsplan

126 **06 Cardio-Übungen**
128 Jumping Jack I
129 X-Sprung
130 Burpee
132 Langlaufsprung
133 Bergsteiger
134 Burpee mit Beinheben
136 Grashüpfer
138 Sprint
139 Jumping Jack II
140 Knieheben
141 Mumie
142 Sidesteps & Hocke
144 Jumping Jack III
145 Slalomsprung
146 Power-Knie
147 Stern

148 **07 Oberkörper-Übungen**
150 Liegestütz I
152 Liegestütz II
154 Tiger-Liegestütz
156 1-2-Stütz
157 Trizeps-Dip
158 Krabbe
160 Strecken
162 Ballenpresse
163 Sphinx
164 Spiderman
165 Jumping Jack IV

166	**08 Core-Übungen**
168	Brett
169	Seitbeuge
170	Radfahr-Crunch
171	Russische Drehung
172	Beinheben
173	Brett & Sprung
174	Ruder-Crunch
176	Seitliches Brett
178	Brett & Boxschlag
179	Brett & Drehung
180	Auf, Auf, Ab, Ab
182	Beinpendel
183	V-Situp
184	Strecken über Kreuz
186	Beinheben mit Grätsche
188	Sprinter-Situp
190	**09 Übungen für Beine und Po**
192	Hocksprung I
194	Hockstand
195	Ausfallschritt II
196	Wadenheben & Sprung
197	Skatersprung
198	Kniebeuge
199	Skisprung
200	Hocksprung II
202	Skihocke
204	Ein- & auswärts
205	Waage
206	Schrittsprung
208	Auf & Ab
210	Hocke & Beinheben
212	Beinheben mit Drehung
214	Seitheben
215	Ausfallschritt III
216	Register

zeige ich Ihnen ein Training, das Ihren Stoffwechsel für 48 Stunden auf Touren bringt, das Ihnen hilft, länger jung zu bleiben, Kraft aufzubauen, besser definierte Muskeln und ein gesünderes Herz zu haben.

Als Master Personal Trainer von Tracy Anderson, der Fitnesstrainerin vieler Stars, als offizieller Trainer der Cheerleaderinnen der Indianapolis Colts sowie als Inhaber des Pilatesstudios Core Pilates and Fitness habe ich es mir zur Aufgabe gemacht, jede Frau zu unterstützen, die fit werden, abnehmen und ihre Gesundheit und ihr Wohlbefinden verbessern möchte. Welches Ziel Sie auch anstreben, ich habe meinen Kundinnen mit den Übungen und Übungsfolgen in diesem Buch erfolgreich dazu verholfen, ein Maximum an körperlicher Fitness zu erreichen. Ich weiß, dass auch Sie mithilfe dieses Buches und HIIT Ihre Fitnessziele erreichen können, sofern Sie bereit sind, sich anzustrengen.

Mit 60 Übungen und über 50 einzigartigen Übungsfolgen von vier Minuten bis zu einer Stunde Länge bietet dieses Buch Ihnen sämtliche Informationen, die Sie benötigen, um HIIT in Ihr Fitnessprogramm aufzunehmen, egal, welche Ziele Sie sich gesetzt haben oder an welchem Punkt Sie beginnen.

Blättern Sie weiter, um mehr über HIIT zu erfahren. Dieses Buch wird Sie mental und körperlich herausfordern, aber denken Sie daran: Gutes widerfährt jenen, die SCHWITZEN!

ÜBER DIESES BUCH

Wie jede andere Trainingsmethode ist auch HIIT nicht ohne Risiko. Deshalb sollten Sie vor Trainingsbeginn einen Gesundheits-Check durchführen lassen und Ihr Vorhaben mit Ihrem Arzt besprechen.

Wie Sie dieses Buch nutzen, hängt von Ihren Zielen ab. Die Übungsfolgen und Trainingspläne sind Programme zu Fettverbrennung, Muskelaufbau und Gewichtsreduzierung. Egal, ob Sie ein bestehendes Trainingsprogramm ergänzen, Ihre sportliche Leistung steigern wollen oder einfach HIIT-begeistert sind, hier finden Sie Inspiration und neue Übungen für Ihr Fitnesstraining.

TESTEN SIE IHRE FITNESS

Um ein Ziel festzulegen, müssen Sie wissen, wo Sie stehen. Der Fitnesstest auf S. 24/25 ist nicht dazu gedacht, daraus eine individuelle Vorgehensweise für Ihr Training abzuleiten, aber er gibt Ihnen eine Vorstellung von Ihrem aktuellen Fitnesszustand. Auf dieser Basis können Sie Ihre Ziele festlegen.

Der Test besteht aus vier Grundübungen. Die erzielte Leistung ermöglicht Ihnen, schnell und einfach das Niveau zu ermitteln, auf dem Sie mit Ihrem Training beginnen sollten. Haben Sie ein Trainingsprogramm gewählt, sollten Sie alle paar Wochen Ihre Fitness erneut testen, um Ihre Fortschritte zu bewerten und gegebenenfalls die Intensität zu erhöhen.

ÜBUNGSFOLGEN

Den Kern des Buches bilden 50 Übungsfolgen von vier bis 60 Minuten Länge. Die Anforderungen steigen von Stufe zu Stufe. Das wird dadurch erreicht, dass sich das Verhältnis von Belastung und Pause ändert, die Übungen schwieriger werden und/oder die Anzahl der Übungen und/oder der Set-Wiederholungen zunimmt.

Stufe 1: Wenn HIIT neu für Sie ist oder Sie Ihr Training nach einer langen Pause wieder aufnehmen, ist Stufe 1 für Sie der richtige Einstieg.

Stufe 2: Die mittlere Stufe eignet sich für alle, die regelmäßig trainieren, für Stufe 3 aber noch nicht bereit sind.

Stufe 3: Stufe 3 ist für all jene geeignet, die in Topform sind und nach einer neuen Herausforderung suchen.

TRAININGSPLÄNE

Wenn Sie strukturiert vorgehen möchten, können Sie nach einem der HIIT-Pläne trainieren. Sie gehen über drei bis 28 Tage und bieten fertige Programme für das Absolvieren der HIIT-Übungsfolgen.

ÜBUNGEN

Damit Ihr Interesse am Training erhalten bleibt, benötigen Sie eine Vielzahl effektiver, anspruchsvoller Übungen. Das Buch enthält Schritt-für-Schritt-Anleitungen für jede der 60 Übungen aus den Übungsfolgen. Kennen Sie eine Übung nicht, lesen Sie die Anleitung und üben Sie die Ausführung, bevor Sie sie ins Programm aufnehmen.

Die Übungen sind nach den hauptsächlich trainierten Muskelgruppen sortiert (Cardio, Oberkörper, Core-Muskulatur, Beine und Po), aber viele trainieren mehrere gleichzeitig sowie das Herz-Kreislauf-System. Wenn Sie genug Erfahrung haben, können Sie eigene Übungsfolgen zusammenstellen.

WILLE UND ANSTRENGUNG

»Was man sät, das wird man ernten.« Dieses Sprichwort trifft auf HIIT zu hundert Prozent zu. Ihr Körper leistet nur so viel, wie Sie ihm abverlangen. Wenn Sie nur 50 Prozent Gas geben, bekommen Sie auch nur 50 Prozent dessen, was möglich wäre. Das Wichtigste beim hochintensiven Intervalltraining ist, sich wirklich bis an die Grenzen zu fordern. Dabei kommt es nicht so sehr darauf an, das Training möglichst schnell durchzuziehen. Das Tempo spielt eine Rolle, aber noch mehr zählt die korrekte Ausführung. Achten Sie auf Qualität, um von HIIT optimal zu profitieren.

Wenn Sie bei hoher Intensität trainieren, spüren Sie vielleicht inneren Widerstand, haben Muskelschmerzen und sind erschöpft. Es kann sogar sein, dass Sie ein Programm nicht durchhalten. Dennoch ermutige ich Sie, weiterzumachen. Alles zu geben, auch wenn es Übewindung kostet, ist der einzige Weg zum Erfolg.

Denken Sie daran: Dieses Training können Sie überall ausführen. Sie arbeiten allein mit Ihrem Körpergewicht. Keine Ausreden mehr. Kein Pseudo-Training mehr. Legen Sie los, geben Sie 100 Prozent, Ihr Wille macht Sie fit.

VIEL ERFOLG!

DIE MODELS

Die vier Models in diesem Buch gehören gegenwärtig zum Kader der Cheerleaderinnen der Indianapolis Colts. In dieser Funktion sind sie weltweit vor einem großen Publikum aufgetreten, haben Tausende Dollar für die Krebsforschung gesammelt und die Indianapolis Colts auf vier Kontinenten repräsentiert.

Als Cheerleaderinnen müssen sie körperlich topfit sein, um die anstrengenden Programme durchzustehen. HIIT ist das Training, mit dem sie zu sportlichen Höchstleistungen in der Lage sind, fit bleiben und fabelhaft aussehen. Ihre straffen Muskeln verdanken sie harter Arbeit, kontinuierlichem Einsatz und HIIT.

BREANNA

ist seit sechs Saisons bei den Colts. In dieser Zeit hat sie Mexiko, Japan und China bereist. Sie ist als Cheerleaderin beim Super Bowl XLIV aufgetreten und wurde 2013 zur Pro-Bowl-Cheerleaderin gewählt. Die Absolventin der Ball State University in Indiana ist derzeit beruflich im Personalwesen tätig. Sie liebt HIIT, weil es ein fantastisches Herz-Kreislauf-Training ist und gute Ergebnisse bringt. Ihr Rat zu HIIT: »Lieben Sie Ihren Körper! Versorgen Sie ihn mit Flüssigkeit, ernähren und pflegen Sie ihn, aber vor allem, LIEBEN Sie ihn!«

BRITTANY
ist seit drei Jahren Cheerleaderin bei den Colts und verspürt immer noch jedes Mal einen Rausch, wenn sie auf das Feld läuft, um ihr Team zu bejubeln. An HIIT gefällt ihr am besten, dass es so abwechslungsreich ist. Jedes Mal erwartet sie etwas anderes, das Spaß macht. Ihr Rat zu HIIT: »Geben Sie nicht auf. Besonders am Anfang kann es Momente geben, in denen man eine Pause braucht – das ist in Ordnung! Trainieren Sie möglichst jeden Tag und verlieren Sie nicht den Mut, wenn es schwieriger ist, als Sie erwartet haben. Je öfter Sie trainieren, desto einfacher wird es und desto mehr Freude macht es.«

CRYSTAL ANNE
ist seit vier Jahren dabei. In dieser Zeit hat sie in einem Super-Bowl-Musikvideo getanzt, sich für wohltätige Zwecke engagiert, ist mit einer Unterhaltungsshow zur Truppenbetreuung auf Tournee gewesen und hat sich 2013 sogar den Kopf kahl rasieren lassen, um Spenden für die Krebsforschung zu sammeln. Gesundheit und Fitness sind ihre Leidenschaft. Beruflich ist sie als Trainerin am National Institute for Fitness and Sport (NIFS) tätig. Ihr Rat zu HIIT: »Qualität geht vor Quantität! Arbeiten Sie an der korrekten Übungsausführung, bevor Sie an Tempo zulegen, und genießen Sie das Training!«

ERIN
gehört seit fünf Jahren zum Kader. Zu den Höhepunkten ihres Cheerleader-Lebens zählen ein Auftritt in der Show von Jimmy Fallon und eine Reise nach London für die National Football League von Großbritannien. Erin ist Trainerin bei Core Fitness and Pilates, wo sie HIIT, Pilates-Reformer-Kurse und Schlingentraining unterrichtet. Durch HIIT fühlt sie sich fit, selbstbewusst und athletisch. Ihr Rat zu HIIT: »Bleiben Sie in Bewegung! Wenn Sie in Bewegung bleiben und sich maximal anstrengen, werden Sie immer besser. Fordern Sie sich jedes Mal ein Stückchen mehr. Das ist der einzige Weg, voranzukommen.«

01
HIIT-GRUNDLAGEN

WAS IST HIIT?

Die Aussicht, Fitnessziele effizient und effektiv zu erreichen, hat das hochintensive Intervalltraining oder HIIT in den vergangenen Jahren für Millionen Menschen interessant gemacht. Jeder HIIT-Trainer verfolgt sein eigenes Konzept, aber was HIIT im Kern ausmacht, ist der Wechsel zwischen kurzen Trainingsintervallen, in denen man sich vollkommen verausgabt, und kurzen Intervallen der Ruhe bzw. aktiven Erholung. Das Prinzip kann auf viele Formen des Fitnesstrainings angewendet werden, vorausgesetzt, die Belastungsintensität steigt während der Cardio-Intervalle deutlich. Sie können z. B. im Wechsel 30 Sekunden Sprinten und 30 Sekunden Gehen oder 30 Sekunden Körpergewichtsübungen wie Liegestütze mit 10 Sekunden Pause abwechseln.

Was viele an HIIT lieben, ist die Tatsache, dass der Zeitaufwand gering ist. Wenn Sie bereit sind, sich bis an die Grenze zu fordern, können Sie ein effektives Training in zehn Minuten absolvieren.

HIIT VS. HERKÖMMLICHES CARDIO

Viele Menschen verbringen jede Wochen viel Zeit mit Ausdauertraining bei niedriger Intensität wie Radfahren auf dem Heimtrainer, Joggen auf einem Laufband oder Training auf dem Crosstrainer. Sie verbrennen zwar aktiv Kalorien, verlieren aber kaum Gewicht. Warum? Weil der Körper einen »stabilen Zustand« erreicht. Er passt sich an die Belastung an und tut alles, um seine Energie (Kalorien) zu behalten. Untersuchungen haben gezeigt, dass HIIT

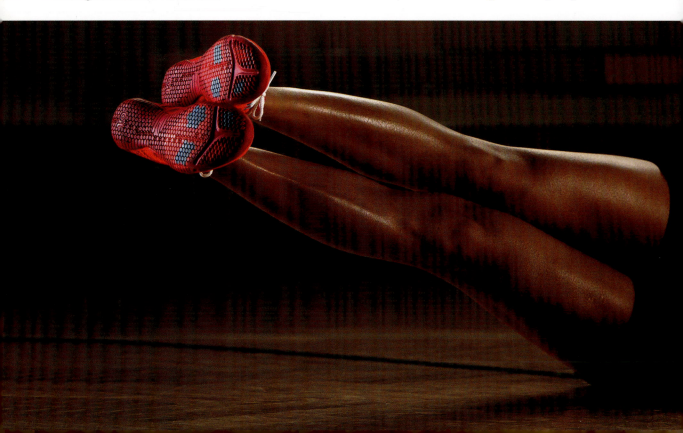

viel effektiver Fett verbrennt und die aerobe und anaerobe Ausdauer schneller steigert als herkömmliche Cardio-Aktivitäten. Außerdem erzeugt HIIT einen Nachbrenneffekt, d. h., noch lange nach Beendigung des Trainings werden Kalorien verbrannt – nicht so beim Training im stabilen Zustand.

HIIT FÜR FRAUEN

Die HIIT-Übungen und Übungsfolgen in diesem Buch gehen zurück auf das Training, das meine Mitarbeiterinnen und ich entwickelt haben, um die Cheerleaderinnen der Colts in Bikiniform zu bringen. Die Übungen zielen auf die Muskeln, die viele Frauen gern straffen und definieren möchten, u. a. an Armen, Bauch und Beinen.

Neben Fettverbrennung und Muskelaufbau ist es mein Ziel, meine Klientinnen kräftig, athletisch, ausgeglichen und beweglich zu machen. Zu diesem Zweck habe ich Körpergewichtsübungen, plyometrische Übungen (Sprungtraining) und unilaterale Übungen (mit jeweils nur einer Körperseite) in die Übungsfolgen integriert.
Ich achte darauf, in jeder Übungsfolge möglichst viele Muskeln zu stimulieren, ohne eine Muskelgruppe zu überlasten. Häufige Positionswechsel (z. B. Wechsel zwischen Liegestütz und Hocksprung) trainieren das Herz-Kreislauf-System. Während sich der Körper aufrichtet, muss das Blut gegen die Schwerkraft zum Herzen befördert werden. Das Herz schlägt schneller, um die Auswirkung der Schwerkraft zu überwinden.

Zur Verbesserungs des Gleichgewichts und der Athletik habe ich multiplanare Übungen eingebaut. Dabei bewegen sich verschiedene Gelenke gleichzeitig in unterschiedliche Richtungen.

HIIT OHNE WENN UND ABER

Der wichtigste Aspekt von HIIT ist, alles, aber wirklich alles zu geben. HIIT ist hart. Es erfordert einen starken Willen, die Leistung zu bringen, die für ein erfolgreiches Training erforderlich ist. Sie werden Muskelschmerzen haben, aufhören wollen und auch hin und wieder scheitern. Rufen Sie sich dann in Erinnerung, warum Sie mit dem Training angefangen haben. Richten Sie den Blick auf Ihre Ziele und powern Sie los. Wenn Sie hart arbeiten, werden Sie Ergebnisse sehen.

SO FUNKTIONIERT HIIT

HIIT bedeutet kurze Dauer und lange Wirkung. Das Training in intensiven Intervallen bei Höchstleistung im Wechsel mit Pausen oder aktiver Erholung erfüllt zwei Ziele: Es beschleunigt den Fettabbau und verbessert die aerobe und anaerobe Ausdauer. Ihr Körper verbrennt mit HIIT in kürzerer Zeit mehr Kalorien als bei einem herkömmlichen Training.

HOHE INTENSITÄT
Der Aspekt der hohen Intensität ist entscheidend. Sie werden keine Resultate sehen, wenn Sie sich während der Trainingsintervalle nicht bis an die Grenzen fordern. Untersuchungen haben gezeigt, dass nur sieben Minuten HIIT Veränderungen der Muskeln auf molekularer Ebene bewirken können, die vergleichbar sind mit denen, die sich beim Joggen oder Radfahren erst nach einer Stunde oder mehr einstellen. Diese Veränderungen zeigen sich jedoch nicht, wenn Sie keine maximale Leistung bringen.

STÄNDIGER WECHSEL
Auch der Intervall-Aspekt ist für den Erfolg maßgeblich. Er kommt sowohl durch kurze Erholungsphasen zwischen den Übungen als auch durch die Reihenfolge der Übungen zustande. Der Wechsel zwischen Intervallen maximaler Anstrengung und aktiver Erholung oder Ruhe im Laufe eines Work-outs verhindert, dass sich der Körper an eine konstante Belastung anpasst.

DER NACHBRENNEFFEKT
Sie verbrennen nicht nur während Ihrer HIIT-Einheit Kalorien, sondern wegen des Nachbrenneffekts (der Fachbegriff ist EPOC von engl. *excess post-exercise oxygen consumption*) auch danach. EPOC ist die messbare erhöhte Sauerstoffaufnahme infolge anstrengender Aktivität, mit dem Ziel, das Sauerstoffdefizit im Körper auszugleichen.

Zum Abbau des Sauerstoffdefizits werden Fettsäuren freigesetzt und als Brennstoff für die Erholung eingesetzt. Den Nachbrenneffekt gibt es nicht, wenn Sie bei niedriger Intensität trainieren. Diese Fettverbrennung findet nur statt, wenn Sie anerob bei maximalem Puls trainiert haben. Es ist erwiesen, dass EPOC über 48 Stunden anhält.

TRAINIEREN SIE HART GENUG?
Weil die maximale Anstrengung so wichtig für den Erfolg von HIIT ist, fragen meine Klientinnen oft, woher sie wissen, ob sie sich genug anstrengen. Meine übliche Antwort ist, dass sie, wenn sie während des Trainings angesprochen würden, nicht in der Lage sein sollten, zu antworten. Sie sollten, nachdem Sie Luft geholt haben, kurz sprechen können, aber wenn Sie eine ganze Unterhaltung führen können, trainieren Sie nicht hart genug.

Wenn Sie Ihr Training auf einer Skala von 1 bis 10 einstufen – wobei 10 in etwa so ist, als würden Sie von einem Raubtier verfolgt und um Ihr Leben rennen –, sollten Sie sich beim HIIT bis auf Stufe 8 oder 9 fordern. Vergessen Sie nicht: HIIT ist hart. Ihr Herz soll klopfen, Ihr Atem schwer gehen, und Sie sollen, Sie müssen schwitzen!

VORTEILE VON HIIT

HIIT ist fast zu gut, um wahr zu sein. Die Vorstellung, dass Sie kürzer trainieren können und Ihre Gesundheit davon mehr profitiert als bei einem herkömmlichen Training widerspricht scheinbar jeder Logik. Doch wissenschaftliche Studien stützen die Ergebnisse, die ich im Studio sehe.

EFFEKTIVE GEWICHTSABNAHME

Ein Grund für die Beliebtheit von HIIT ist die Möglichkeit, messbar und dauerhaft abzunehmen. Wenn Sie bereit sind, hart zu arbeiten und sich bewusst zu ernähren, nehmen Sie mit HIIT besser ab als mit jedem anderen Training. Eine Studie der Laval University in Quebec (Kanada) von 1994 ergab, dass man mit HIIT neunmal effektiver abnimmt als mit gleichbleibendem Cardiotraining wie Jogging. Grund ist, dass die Fettverbrennung nicht nur während, sondern aufgrund von EPOC, dem Nachbrenneffekt, noch bis zu 48 Stunden nach dem Training erfolgt.

SCHNELL, FLEXIBEL UND MIT SPASS

Die meisten HIIT-Work-outs dauern 30 Minuten oder weniger und können überall durchgeführt werden. Damit eignet sich HIIT für alle, die keine Zeit oder Möglichkeit haben, täglich ins Fitnessstudio zu gehen. HIIT bietet Ihnen Dutzende von Übungen zur Auswahl, die in unzähligen Variationen kombiniert werden können. Das wandelbare Format der HIIT-Übungsfolgen sorgt für einen einzigartigen Anreiz und jede Menge Spaß.

HIIT kann nicht nur überall ausgeführt werden, es erfordert auch keine Ausrüstung. Sämtliche Übungen in diesem Buch arbeiten mit dem Widerstand des eigenen Körpergewichts und zielen darauf ab, den Maximalpuls zu erreichen.

BAUEN SIE FETT AB, NICHT MUSKELN

Wenn Sie jemals eine Diät gemacht haben, wissen Sie, wie schwierig es ist, mit dem Fett nicht auch Muskelmasse zu verlieren. Studien zeigen, dass HIIT die Muskeln erhält, während sich das Gewicht allein durch Fettverlust reduziert. HIIT lässt nämlich den Testosteron- und HGH-Spiegel ansteigen, die für den Zuwachs schlanker Muskelmasse und den Fettabbau sorgen. In den 24 Stunden nach dem Work-out steigt die Produktion von HGH (*Human Growth Hormone*) um bis zu 450 Prozent. HGH kurbelt nicht nur den Stoffwechsel und die Fettverbrennung an, es verlangsamt auch den Alterungsprozess.

EIN GESÜNDERES HERZ

Die meisten Menschen haben noch nie so hart trainiert, wie HIIT es verlangt. Wenn Sie bis in den anaeroben Bereich vordringen, wo Ihnen das Herz aus der Brust zu springen scheint, steigern Sie Ihre aerobe und anaerobe Ausdauer. Eine Studie von 2012, die im *Journal of Strength and Conditioning Research* erschien, weist nach, dass nur sechs HIIT-Einheiten von jeweils wenigen Minuten Dauer über zwei oder drei Wochen das Herz-Kreislauf-System messbar verbessern.

NEUBILDUNG VON MITOCHONDRIEN

Die Mitochondrien sind die Kraftwerke der Zellen. Die winzigen Zellstrukturen liefern den Zellen Energie und sind am regelmäßigen Zellwachstum beteiligt. 2012 stellte ein Beitrag im *American Journal of Physiology* fest, dass HIIT die Biogenese der Mitochondrien auslöst, das heißt, den Prozess der Neubildung von Mitochondrien. Da die mitochondriale Biogenese mit dem Alter abnimmt, kann HIIT auch in diesem Bereich dem Alterungsprozess entgegenwirken.

Schon zuvor hatte die Forschung einen Zusammenhang zwischen Training und Veränderung der Mitochondrien festgestellt. Eine Studie von 2011 ergab, dass Training den Gehalt und die Aktivität von Enzymen in den Mitochondrien verändert, was wiederum die Produktion von Zellenergie steigern und damit das Risiko chronischer Erkrankungen senken kann. Auch Leber, Gehirn und Nieren können von Veränderungen der Mitochondrien profitieren.

MENTALER GEWINN

HIIT ist ein höchst anspruchsvolles Training, wenn man es mit maximaler Anstrengung betreibt. Sie werden sich zu Zeiten unwohl fühlen, Schmerzen haben und am liebsten aufhören wollen. Genau das macht HIIT so befriedigend: Es fordert Sie nicht nur körperlich, sondern auch mental heraus. Sie lernen, Widerstände zu überwinden und in allen Lebensbereichen, nicht nur bei der Fitness, nach Erfolg zu streben.

RICHTIGE ERNÄHRUNG

Für ein erfolgreiches hochintensives Intervalltraining müssen Sie sich richtig ernähren, damit Ihr Körper genug Energie hat, um einen Work-out kraftvoll durchzupowern.

VOR DEM WORK-OUT

Während des Trainings nutzt Ihr Körper gespeichertes Glykogen zusammen mit vor dem Work-out aufgenommenen Kohlenhydraten als Energiequelle. Eine typische Mahlzeit vor dem HIIT sollte leicht sein und aus einer ausgewogenen Mischung aus Kohlenhydraten und Proteinen bestehen. Essen Sie nicht zu viel, ideal sind 200 bis 300 Kalorien. Optionen sind etwa:

- Zerealien mit fettarmer Milch
- Toast mit Nussbutteraufstrich
- Smoothie mit fettarmem Milchprodukt und Obst

NACH DEM WORK-OUT

Im Anschluss an das Training müssen die Protein- und Kohlenhydratspeicher des Körpers wieder aufgefüllt werden, um den Reparatur- und Erholungsprozess zu unterstützen. Essen Sie möglichst innerhalb von 30 Minuten nach Beendigung einer HIIT-Einheit eine Mahlzeit, die komplexe Kohlenhydrate und einen hohen Proteinanteil enthält, z. B. 50 g gekochten Naturreis oder Quinoa, 1 Portion gekochtes Gemüse (2 Portionen rohes Gemüse) und 85–140 g gekochte Hähnchenbrust. Die Kohlenhyrate füllen Ihre Glykogenspeicher, die wichtigste Energiequelle der Muskeln, wieder auf, und die Antioxidantien und Proteine aus dem Geflügelfleisch unterstützen die Reparatur der verletzten Muskeln.

IM LAUFE DES TAGES

Am besten profitieren Sie von Ihren HIIT-Work-outs, wenn Sie einfache, ausgewogene Mahlzeiten in vernünftigen Portionen essen. Ich schlage mageres Fleisch, Meeresfrüchte, Gemüse, Obst, Vollkorn, Bohnen, fettarme Milchprodukte und gesunde einfach ungesättigte Fettsäuren vor, wie sie in Nüssen, Avocados und Olivenöl vorkommen. Außerdem empfehle ich, Zucker und Fertig-

nahrung zu meiden. Dieser Ernährungsplan funktioniert für jeden, Sie müssen nur die Größe der Portionen an Ihren Bedarf anpassen.

ERNÄHRUNGSPLAN ZUM ABNEHMEN

Wenn Abnehmen Ihr Ziel ist, müssen Sie darauf achten, wie viele Kalorien Sie zu sich nehmen. HIIT ist ein großartiger Fettverbrenner, aber letzten Endes ist Gewichtsabnahme das Resultat einer einfachen Gleichung: eingenommene minus verbrauchte Energiemenge. Auch die Qualität der Kalorien ist wichtig. Die Wahl der Nahrungsmittel ist Ihre Sache, aber ich empfehle folgende Richtlinien:

1. Essen Sie drei Mahlzeiten täglich.
2. Essen Sie zwei bis drei Imbisse zwischen den Mahlzeiten, wie Proteinshakes, rohes Gemüse oder Mandeln. Diese sollten 100 bis 200 Kalorien haben.
3. Sorgen Sie dafür, dass Ihre Mahlzeiten und Imbisse eine gute Versorgung mit magerem Protein bieten – es ist ein Baustein der Muskeln.
4. Meiden Sie Lebensmittel mit weißem Zucker und Mehl. Wenn Sie diesen Rat befolgen, nehmen Sie keine stark verarbeiteten einfachen Kohlenhydrate zu sich, die der Körper schnell in Fett umwandelt.
5. Trinken Sie keinen Alkohol.
6. Essen Sie nur naturbelassene komplexe Kohlenhydrate wie z. B. Süßkartoffeln.
7. Vermeiden Sie kohlenhydrathaltige Getränke, gesüßte Energiedrinks und andere kohlenhydratreiche gezuckerte Getränke.
8. Trinken Sie viel Wasser. Es spült Giftstoffe aus dem Körper und gibt Ihnen ein Sättigungsgefühl.

FLÜSSIGKEITSBEDARF DECKEN

Gut hydriert zu sein ist entscheidend für die sportliche Leistung und die Gesundheit. Um Ihre beste Leistung zu bringen, müssen Sie eine angemessene Flüssigkeitsmenge vor, während und nach dem Work-out zu sich nehmen. Eine nur zweiprozentige, durch Dehydrierung verursachte Reduzierung des Körpergewichts kann die sportliche Leistung um bis zu 20 Prozent mindern.

Trinken Sie 30 Minuten vor dem Work-out 150–300 ml eines Sportdrinks mit einem hohen Gehalt an Elektrolyten, darunter Natrium, Kalium, Magnesium und Chlorid. Ihr Flüssigkeitsbedarf während des Work-outs hängt von dessen Dauer und Intensität ab. Häufig wird empfohlen, sich vor einem langen, intensiven Work-out zu wiegen und danach für jedes verlorene Pfund 475 ml zu trinken.

WAS SIE BRAUCHEN

Das Überzeugende an HIIT ist, dass Sie nicht viel mehr als Ihren Körper und eine hochmotivierte Einstellung brauchen, um einen effektiven Work-out zu absolvieren. Folgende Ausstattung sorgt für optimale Leistung und Komfort beim Training.

SCHUHE

Es ist wichtig, dass Sie beim Training die Füße korrekt aufsetzen. Die Ballen des großen und kleinen Zehs und die Ferse müssen Bodenkontakt haben. Ist der Großzehenballen angehoben, rollt der Fuß über die Außenseite ab (Übersupination). Ist der Ballen des kleinen Zehs angehoben, rollte der Fuß über die Innenseite ab (Überpronation). Beides beeinträchtig die Stabilität und kann Verletzungen verursachen.

Damit man sich die Fußhaltung bewusst macht, plädiere ich für Minimalschuhe. Wenn Minimalschuhe für Sie neu sind, wechseln Sie am besten etwa zwei Wochen lang zwischen Ihren alten Schuhen und den Minimalschuhen ab, damit sich Ihr Körper an die geringere Dämpfung und Unterstützung gewöhnt.

YOGAMATTE

Bei Bodenübungen möchten Sie vielleicht eine Yogamatte unterlegen. Sie sorgt für Rutschsicherheit und Dämpfung, besonders bei Übungen in Rückenlage.

ZEITMESSER

Um die Länge der Trainings- und Erholungsintervalle messen zu können, brauchen Sie eine Uhr. Nehmen Sie, was für Sie am einfachsten zu bedienen ist, sei es eine Stoppuhr, eine Pulsuhr oder eine Smartphone-App. Im Studio arbeite ich mit einer App, bei der man ganze Trainingseinheiten programmieren und die Eingaben für eine spätere Wiederholung speichern kann.

HANDTUCH

Es ist ratsam, ein Handtuch bereitliegen zu haben. Ich erwarte, dass Sie schwitzen, und Sie werden nicht nur die Hände und die Stirn abtrocknen wollen, sondern auch den Boden wischen müssen, auf dem Sie trainieren, damit Sie nicht ausrutschen.

FASZIENROLLE

Die Schaumstoffrolle ist ein preiswertes Gerät, auf das Sie nicht mehr verzichten wollen, wenn Sie es kennen. Es lockert Muskeln und Gewebe ebenso gut wie statische Dehnübungen oder eine Massage. Die Benutzung einer Faszienrolle kann Verletzungen vorbeugen und die Erholung nach dem Work-out beschleunigen.

OPTIONALE EXTRAS

Beim HIIT geht es darum, möglichst viele Muskelgruppen gleichzeitig für schnelle Bewegungen zu benutzen. Zusätzliche Gewichte oder isolierende Übungen wie Bizeps-Curls sind damit in der Regel nicht vereinbar. Bei manchen Core-Übungen ist es jedoch sinnvoll, sich mit Gewichten noch stärker zu fordern. Bei Übungen wie der Russischen Drehung, dem V-Situp und dem Sprinter-Situp können Sie den Widerstand durch eine Kurz- oder Kugelhantel oder einen Medizinball erhöhen.

TESTEN SIE IHRE FITNESS

Bevor Sie mit HIIT beginnen, sollten Sie ermitteln, wie fit Sie sind. Dieser einfache Fitnesstest zeigt Ihnen, wo Sie stehen, und verschafft Ihnen eine Grundlage, um Ihren Fortschritt zu messen.

Der Fitnesstest besteht aus vier Grundübungen: **Jumping Jack**, **Liegestütz**, **Kniebeuge** und **Sprinter-Situp**. Lesen Sie die Anleitungen für diese Übungen, und gehen Sie wie folgt vor:

1 Machen Sie jede Übung 30 Sekunden lang.
2 Pausieren Sie nach jeder Übung 30 Sekunden.
3 Notieren Sie, wie viele Wiederholungen jeder Übung Sie in dem 30-Sekunden-Intervall absolvieren konnten (z. B. 20 Kniebeugen).
4 Zählen Sie sämtliche Wiederholungen aller Übungen zusammen.

Liegt das Gesamtergebnis bei
0–80, beginnen Sie mit den Übungsfolgen auf Stufe 1.
81–104, beginnen Sie mit den Übungsfolgen auf Stufe 2.
105 oder höher, beginnen Sie auf Stufe 3.

Führen Sie den Test alle 14 Tage durch, um Ihren Fortschritt zu messen und herauszufinden, ob Sie für die nächsthöhere Stufe bereit sind.

KÖRPERFETTANTEIL

Die Bestimmung des Körperfettanteils hat zum Ziel, jedes einzelne Kilo Ihres Körpers in eine von zwei Kategorien einzuteilen: in Fettmasse und alles andere. Alles, was kein Fett ist, gilt als schlanke Körpermasse. Dazu zählen Knochen, Muskeln, Haar und Wasser.

Es ist wissenschaftlich erwiesen, dass HIIT Körperfett verbrennt und schlanke Muskelmasse aufbaut. Da Muskeln schwerer sind als Fett, ist eine reine Gewichtskontrolle zum Messen Ihrer Fortschritte beim HIIT wenig aufschlussreich. Die Kenntnis des Körperfettanteils kann Ihnen helfen, realistische Erwartungen zu formulieren. Denken Sie aber daran, dass dies nur einer von vielen Ansätzen ist, Ziele zu setzen und Ergebnisse auszuwerten. Die meisten Menschen wollen vor allem einen attraktiveren und gesünderen Körper haben. Lassen Sie den Körperfettanteil oder irgendein anderes Maß nicht zur Obsession werden.

VERMESSEN SIE IHREN KÖRPER

Messen Sie mithilfe eines Maßbands den Umfang Ihres Halses, Ihrer Taille und Ihrer Hüfte.

Hals: Messen Sie Ihren Halsumfang direkt unterhalb des Kehlkopfs, rechtwinklig zur Längsachse des Halses. Runden Sie das Maß zum nächsten halben Zentimeter auf.

Taille: Messen Sie den Taillenumfang direkt auf der Haut, an der engsten Stelle zwischen Nabel und unterem Ende des Brustbeins. Das Maßband sollte locker auf der Haut liegen und horizontal zum Boden verlaufen. Runden Sie das Maß zum nächsten halben Zentimeter ab.

Hüfte: Messen Sie den Hüftumfang, indem Sie das Maßband um die am weitesten ausgreifende Stelle des Gesäßes legen. Das Maßband sollte locker auf der Haut liegen und horizontal zum Boden verlaufen. Runden Sie das Maß zum nächsten halben Zentimeter ab.

Außerdem benötigen Sie Ihre Körpergröße in Zentimetern.

BESTIMMEN SIE DEN KÖRPERFETTANTEIL

Im Internet finden Sie zahlreiche Websites, mithilfe derer Sie Ihren Körperfettanteil ermitteln können.

Vergleichen Sie Ihr Ergebnis mit den empfohlenen Richtlinien für den Körperfettanteil für Frauen. Im Fitnessbereich wird häufig die folgende Einteilung des ACE (American Council of Exercise) verwendet:

31 oder höher: übergewichtig
25–31: normal
21–24: fit
14–20: athletisch
13: lebensnotwendiger Körperfettanteil

ZIELE SETZEN

Vernünftige Ziele sind entscheidend für Ihre Leistung. Wenn Sie nachhaltig und dauerhaft Erfolge erzielen möchten, müssen Sie genau wissen, was Sie erreichen wollen.

SEIEN SIE SMART

Erfolgreiche Zielsetzung erfordert SMARTe Ziele. Dieses Akronym zeigt, worauf es dabei ankommt.

SMARTE ZIELE SIND …

Spezifisch: Ziele sollten einfach formuliert sein und klar definieren, was Sie erreichen wollen.

Beispiel: »20 Liegestütze in 30 Sekunden.«

Messbar: Ziele sollten messbar sein, sodass eindeutig feststellbar ist, ob Sie ein Ziel erreicht haben oder nicht.

Beispiel: »Fünf Kilo in sechs Wochen abnehmen.« »Abnehmen« allein wäre kein messbares Ziel, aber ob Sie nach sechs Wochen fünf Kilo abgenommen haben oder nicht, ist feststellbar.

Ausführbar: Ziele sollten eine Herausforderung darstellen, aber gleichzeitig realistisch sein.

Beispiel: »22 Kilo in sechs Wochen abnehmen« ist nicht realistisch. Aber »Fünf Kilo in sechs Wochen« gesund und nachhaltig abzunehmen ist möglich.

Resultatorientiert: Ziele sollten auf ein Ergebnis gerichtet sein, nicht auf eine Aktivität.

Beispiel: »Ins Fitnessstudio gehen« ist lediglich der Plan, eine Aktivität durchzuführen. »Mit HIIT im Fitnessstudio 500 Kalorien verbrennen« ist ergebnisorientiert.

Terminiert: Ziele sollten einen Zeitrahmen haben, der ein Gefühl von Dringlichkeit erzeugt. Setzen Sie sich einen Termin.

Beispiel: »Ich will fünf Kilo in sechs Wochen abnehmen.« Nicht: »Ich will fünf Kilo abnehmen.«

HALTEN SIE AN IHREN ZIELEN FEST

Sich Ziele zu setzen, ist nur der erste Schritt. Als nächstes müssen Sie an ihnen festhalten. Das ist nicht einfach, aber es gibt Strategien, die Sie in der Spur halten.

1 Schreiben Sie Ihre Ziele auf.

Studien zeigen, dass Ziele, die aufgeschrieben werden, zu einem höheren Prozentsatz erreicht werden. Zweimal pro Jahr mache ich eine Bestandsaufnahme meines Lebens. Ich setze mich hin und verfasse ein Dokument mit meinen Zielen. Es hängt an meinem Spiegel im Badezimmer, steht gerahmt auf meinem Schreibtisch am Arbeitsplatz und hängt sogar am Kühlschrank. Je öfter Sie Ihre Ziele sehen, desto größer sind die Chancen, dass Sie sie erreichen.

2 Seien Sie zielgerichtet.

Wenn Sie SMARTe Ziele formuliert haben, ist dieser Punkt bereits erledigt. Ziele werden vor allem dann erreicht, wenn sie konkret, messbar und spezifisch sind. Sie können sich z. B. ein zeitliches Ziel setzen, zu dem Sie an einem Lauf teilnehmen möchten, oder einen bestimmten Körperfettanteil, den Sie erreichen wollen.

3 Teilen Sie Ihre Ziele der Welt mit.

Studien zeigen, dass Menschen Ziele ernster nehmen, wenn sie glauben, dass andere von ihnen erwarten, dass sie sie erreichen. Teilen Sie also Ihre Fitnessziele auf Facebook und Twitter mit und erzählen Sie Ihrer besseren Hälfte und Ihren Freunden davon. Seien Sie stolz auf Ihre Ziele und scheuen Sie sich nicht, andere um Unterstützung und Motivation zu bitten. Und lassen Sie die Welt daran teilhaben, wenn Sie sie erfolgreich erreicht haben!

4 Gehen Sie in kleinen Schritten vor.

Geben Sie sich die Möglichkeit zu spüren, was Sie erreicht haben. Unterteilen Sie Ihr großes Ziel in kleinere Schritte. Freuen Sie sich bei jedem Zwischenziel über Ihren Erfolg. Das wird Sie für den nächsten Schritt motivieren.

5 Bleiben Sie am Ball, halten Sie Maß.
Wenn Sie ein Fitnessziel verfolgen und erreichen möchten, werden Sie bessere Ergebnisse erzielen, wenn Sie maßvoll vorgehen. Pendeln Sie nicht zwischen Diät und exzessivem Essen oder extremer Fitness und Verletzungspause. Streben Sie ein Gleichgewicht an, das Ihnen Freude macht. Versuchen Sie nicht, auf einmal Ihr ganzes Leben zu verändern, sondern vollziehen Sie Änderungen allmählich, bis die neue Ernährung und der Work-out zur Gewohnheit werden.

6 Seien Sie auf Rückschläge gefasst.
Es ist unvermeidlich, dass Sie an irgendeinem Punkt Ihres Vorhabens auf Hindernisse treffen. Planung und Vorbereitung können dafür sorgen, dass es weniger sind. Packen Sie einen gesunden Snack ein, um Heißhunger am Nachmittag abzuwehren, oder verabreden Sie sich mit einer Freundin zum Work-out, damit Sie sich nicht drücken. Sollten Sie einmal tatsächlich mehrere Work-outs verpassen oder sich in der Happy Hour nicht losreißen können, sollten Sie Ihren Fortschritt nicht grundsätzlich in Frage stellen. Erneuern Sie Ihr Versprechen sich selbst gegenüber und gehen Sie wieder an die Arbeit.

ERHOLUNG

Wenn Sie beim Training an die Leistungsgrenze gehen, brauchen Sie Zeit, um sich zu erholen. Das ist unverzichtbar, um Verletzungen vorzubeugen und konstant trainieren zu können. Nur so können Sie bei jedem Work-out maximale Leistung bringen.

FLÜSSIGKEITSBEDARF UND ERNÄHRUNG

Die richtige Energiezufuhr unterstützt die Erholung. Sorgen Sie dafür, dass Flüssigkeits- und Elektrolytdepots wieder aufgefüllt werden und nehmen Sie zum Muskelaufbau und für neue Energie Proteine und Kohlenhydrate zu sich.

TRAINERTIPP

Stellen Sie schon vor dem Training Ihr Regenerationsgetränk bereit. Für eine gute Regeneration muss der Körper möglichst direkt nach dem Training mit Nährstoffen versorgt werden: Kohlenhydrate, Proteine und Natrium. Zusätzlich regenerationsfördernd sind Kalium, Magnesium, Zink und Aminosäuren.

EINE FASZIENROLLE BENUTZEN

Wichtiger Bestandteil der Erholung ist die Lockerung der Faszien mithilfe einer speziellen Schaumstoffrolle. Die Faszien bilden das Bindegewebe, das die Muskeln umhüllt. Es kann sich während des Work-outs verspannen oder sogar einklemmen, was Schmerzen verursacht.

Wenn Sie mit einer Faszienrolle die Muskeln ausstreichen, beugen Sie Muskelkater und Verhärtungen vor, regen Blutzirkulation und Sauerstofftransport an und lockern Verdickungen in den Faszien, sogar bei Narbengewebe. Sie können mit einer Faszienrolle auch gezielt Schmerzpunkte behandeln.

Ich empfehle eine Faszienrolle von möglichst hoher Schaumstoffdichte und 8 cm Durchmesser, zu finden in jedem gut sortierten Sportgeschäft oder online.

DIE TECHNIK

Die Faszienrolle kann zur Behandlung vieler Körperbereiche verwendet werden, z. B. der Beine, des Rückens und der Arme. Die Grundtechnik ist immer dieselbe. Benutzen Sie die Rolle beim Aufwärmen, nach dem Workout oder wenn Sie Schmerzen haben.

1 Legen Sie den Körper auf der Rolle ab. Ihr Körpergewicht übt Druck auf die Muskeln aus. Rollen Sie langsam vor und zurück. Wenn Sie eine empfindliche Stelle bemerken, halten Sie inne und warten, bis das Unwohlsein verschwindet. Das kann etwa eine Minute dauern und unangenehm sein.

2 Wenn der Bereich nicht mehr schmerzt, rollen Sie den Muskel weiter über die Rolle hin und her. Wenn Sie andere schmerzhafte Partien finden, wiederholen Sie die Behandlung.

3 Auch weiche, nicht schmerzhafte Partien sollten sie regelmäßig mit der Rolle massieren, damit diese Bereiche entspannt bleiben. Experimentieren Sie. Finden Sie heraus, was für Sie angenehm ist, und bringen Sie die Rolle in die entsprechende Position. Sie können Ihre eigene, Ihren Bedürfnissen entsprechende Technik entwickeln.

02
VOR UND NACH DEM WORK-OUT DEHNEN

VORBEUGE AUS DEM STAND UND HALBE VORBEUGE

Die Vorbeuge aus dem Stand ist eine Standardübung im Yoga, wo sie *Uttanasana* heißt. Sie dehnt die hintere Oberschenkelmuskulatur und die Waden und lockert den unteren Rücken. Indem Sie aus der ganzen Vorbeuge in die halbe Vorbeuge, auch *Ardha uttanasana*, gehen, spüren Sie die Dehnung auch in der Hüfte. Die Dehnübung erhöht die Elastizität der Muskeln und beugt Verletzungen vor.

Stehen Sie aufrecht, die Arme hängen locker. Einatmen. Die Arme über den Kopf heben.

Ausatmen und die Arme zu beiden Seiten des Körpers senken. Aus der Hüfte vorbeugen und die Wirbelsäule abrollen, dabei die Nase Richtung Schienbeine bringen.

Einatmen und den Kopf heben, den Rücken strecken. Das Gewicht nach hinten verlagern und den Po heben. Die Hände so hoch auf den Schienbeinen platzieren wie nötig, um den Rücken bequem zu strecken.

Ausatmen und in die ganze Vorbeuge zurückkehren. 3-mal wiederholen.

AUSFALLSCHRITT I

Der Ausfallschritt zur Seite ist eine dynamische Dehnung, die den Unterkörper dehnt und gleichzeitig kräftigt. Der Ausfallschritt zur Seite öffnet die Hüfte, trainiert Stabilität und Gleichgewicht. Außerdem dehnt er Hüfte, Waden, Achillessehnen, die hintere Oberschenkelmuskulatur und die Leiste. In ihm sind drei bekannte Yoga-Übungen kombiniert: Halbmond, Stuhl und gestreckte Winkelhaltung.

Stehen Sie aufrecht. Die Füße schließen, die Arme hängen locker seitlich.

Den rechten Fuß mit einem sehr großen Schritt zur Seite setzen. Das linke Knie ist mindestens 90 Grad angewinkelt. Die Arme vor dem Körper ausstrecken. 30 Sekunden halten, dann in die Mitte zurückkehren. Auf jeder Seite 3-mal wiederholen.

TIEFER AUSFALLSCHRITT

Sind die Hüftbeuger verspannt, zeigen Ihre Work-outs an Bauch, Gesäß und Oberschenkelinnenseiten eventuell nicht die erwünschten Resultate. Auch Verletzungen, Schmerzen im unteren Rücken, ein sogenanntes Läuferknie oder eine Entzündung der Kniescheibensehne können die Folge sein. Der tiefe Ausfallschritt aktiviert und dehnt die Hüftbeuger, erhöht die Effizienz Ihres Trainings und beugt Verletzungen vor.

1

Setzen Sie das rechte Bein in einem Ausfallschritt nach vorn. Das Knie um 90 Grad anwinkeln und das Gewicht auf die Ferse verlagern. Das linke Knie sollte unter der Hüfte gebeugt sein. Die Zehen beider Füße zeigen nach vorn. Die Arme heben, bis sie parallel zum Boden sind.

2

Die Hände zur Decke strecken, die Arme neben den Ohren halten. Das hintere Bein strecken und die Hüften leicht senken. Zwei oder drei tiefe Atemzüge lang halten. In die Ausgangsposition zurückkehren und 5-mal wiederholen, dann die Seite wechseln.

GESTRECKTE WINKELHALTUNG

Die gestreckte Winkelhaltung ist eine beliebte Yoga-Übung, die Oberschenkel, Hüfte und Fußgelenke kräftigt, während sie den Lendenbereich, den Rücken und die Hüftgelenke dehnt und die Brust öffnet. Die Dehnung kann das Lungenvolumen vergrößern.

TRAINERTIPP
Wenn es Ihnen schwerfällt, die untere Hand auf dem Boden aufzusetzen, stützen Sie sich auf einen Yogaklotz oder etwas Vergleichbares.

1

Setzen Sie Ihr linkes Bein mit einem sehr großen Schritt zur Seite. Das rechte Knie etwa 90 Grad anwinkeln, bis der Oberschenkel parallel zum Boden ist. Die rechte Hand auf dem Boden aufsetzen und den linken Arm zur Decke strecken, dabei die Brust öffnen. 30 Sekunden halten und auf der anderen Seite wiederholen.

PYRAMIDE

Die Pyramide ist eine asymmetrische Vorbeuge, die im Stehen ausgeführt wird. Im Yoga wird sie *Parsvottanasana* genannt. Sie ist eine ausgezeichnete Übung, um die hintere Oberschenkelmuskulatur zu dehnen und zu aktivieren, ohne den unteren Rücken zu belasten.

TRAINERTIPP

Lassen Sie das Knie des vorderen Beins leicht gebeugt, um nicht unnötig Druck auf die Gelenke und Bänder auszuüben. Falls nötig legen Sie Ihre Hände auf das Schienbein des vorderen Beins, um sich zusätzlich zu stabilisieren.

1 Stehen Sie aufrecht. Die Füße mehr als schulterbreit öffnen, die Arme hängen locker seitlich. Den linken Fuß einen sehr großen Schritt nach vorn setzen. Die Zehen beider Füße zeigen nach vorn.

2 Langsam aus der Hüfte vorbeugen und die Wirbelsäule möglichst lang strecken. Das rechte Hüftgelenk nach vorn ziehen, damit das Becken gerade ist. Die Arme nach vorn strecken. Die hintere Oberschenkelmuskulatur aktivieren, um den Rumpf waagerecht zu halten. 30 Sekunden halten, 5- bis 10-mal tief atmen. Die Seite wechseln.

HÜFTÖFFNER

Die Hüfte zu öffnen, ist in mehrfacher Hinsicht wohltuend: Es lindert Rückenschmerzen, sorgt für einen schönen Gang und verbessert die Durchblutung der Beine. Der Hüftöffner dehnt den Leistenbereich, den unteren Rücken, das untere Ende der Wirbelsäule und die Hüfte. Eine gelockerte Hüftmuskulatur (*Musculus psoas major* und *M. iliacus*) beugt Verletzungen vor und steigert die sportliche Leistung.

Stehen Sie aufrecht. Die Füße mehr als schulterbreit öffnen, die Arme hängen locker seitlich. Die Füße nach außen drehen, um die Hüften zu öffnen.

Die Knie beugen und die Hüften Richtung Boden senken. Möglichst tief gehen und gleichzeitig die Wirbelsäule lang strecken. Die Knie über den Fußspitzen halten und nicht nach innen kippen lassen.

Die Ellbogen innen an die Oberschenkel legen und diese sanft nach außen drücken. Etwa 30 Sekunden halten und dabei langsam und tief atmen. 3-mal wiederholen.

03
HIIT-ÜBUNGSFOLGEN FÜR EINSTEIGER

STUFE 1:
ÜBUNGSFOLGEN FÜR EINSTEIGER

Die fünf Übungsfolgen beinhalten HIIT-Grundübungen. Sie sind abwechslungsreich und anstrengend, ohne Einsteigerinnen zu überfordern. Stufe 1 zeichnet sich durch niedrige Belastungsintensität, kürzere Trainigsintervalle und längere Ruhephasen aus. Denken Sie stets an die goldene Regel: Erst kommt die korrekte Form, dann das Tempo.

EINFACH HIIT
GESAMTDAUER: 9:00

Die vier einfachen HIIT-Grundübungen bieten ein Ganzkörpertraining bei einem 2:1-Verhältnis von Belastung und Ruhe. Das heißt, die Belastungszeit ist doppelt so lang wie die Pausen. Geben Sie alles und haben Sie Spaß dabei. Das ist es, was HIIT ausmacht!

**Set 3-mal durchführen.
Nach jedem Set 1 Minute ruhen.**

TRAINERTIPP
Bei Kniebeuge und Liegestütz ist Gründlichkeit weitaus wichtiger als Tempo. Gehen Sie für einen sauberen Liegestütz ggf. auf die Knie.

	TRAINING	PAUSE
SPRINT	0:20	0:10
KNIEBEUGE	0:20	0:10
JUMPING JACK I	0:20	0:10
LIEGESTÜTZ I	0:20	0:10

DIE FABELHAFTEN VIER
GESAMTDAUER: 7:30

Die Übungsfolge führt ein 4:1-Verhältnis von Belastung und Ruhe ein. Sie trainieren also viermal so lang wie Sie ruhen. Das Verhältnis 4:1 wird im HIIT bevorzugt gewählt, weil es optimal geeignet ist, um eine kurze, aber intensive Zeit lang bei Maximalpuls zu trainieren.

**Set 3-mal durchführen.
Nach jedem Set 30 Sekunden ruhen.**

STUFE 1 — HIIT-ÜBUNGSFOLGEN FÜR EINSTEIGER

	TRAINING	PAUSE
KNIEHEBEN	0:30	0:00
SKISPRUNG	0:30	0:00
JUMPING JACK III	0:30	0:00
BRETT	0:30	0:00

TRAINERTIPP
Beim Skisprung möglichst weich landen. Die Hüfte muss gerade nach vorn zeigen und wie Knie und Fußgelenke beim Aufkommen gebeugt sein, um den Körper abzubremsen.

STUFE 1

ENDURO
GESAMTDAUER: 10:00

Die Übungsfolge zielt auf ein Herz-Kreislauf-Training und eine bessere Muskelausdauer ab. Sie profitieren davon besonders stark, wenn Sie eine Sportart betreiben, die eine hohe Leistung über einen längeren Zeitraum erfordert.

**Set 2-mal durchführen.
Nach jedem Set 1 Minute ruhen.**

TRAINERTIPP
Wenn Sie es nicht schaffen, vier Minuten ohne Pause bei hoher Intensität zu trainieren, legen Sie nach jeder Übung zehn Sekunden Pause ein.

	TRAINING	PAUSE
SPRINT	0:30	0:00
KNIEBEUGE	0:30	0:00
JUMPING JACK III	0:30	0:00
LIEGESTÜTZ I	0:30	0:00
KNIEHEBEN	0:30	0:00
AUSFALLSCHRITT III	0:30	0:00
MUMIE	0:30	0:00
BRETT	0:30	0:00

JEDE SEKUNDE ZÄHLT
GESAMTDAUER: 12:00

Beim Pyramidentraining verkürzt sich die Ruhephase mit jeder Runde. Das heißt, die Ermüdung nimmt zu, die Erholungszeit jedoch ab. Komplexe Übungen für viele Muskeln und eine zunehmende Belastung des Herz-Kreislauf-Systems fordern Sie körperlich und mental auf hohem Niveau.

Alle drei Runden nacheinander durchführen. Nach jeder Runde 1 Minute ruhen.

TRAINERTIPP
Richten Sie Ihr Augenmerk auf Qualität, nicht Quantität – besonders, wenn Sie ermüden –, um Verletzungen zu vermeiden.

STUFE 1 — HIIT-ÜBUNGSFOLGEN FÜR EINSTEIGER

Übung	RUNDE 1 TRAINING / PAUSE	RUNDE 2 TRAINING / PAUSE	RUNDE 3 TRAINING / PAUSE
JUMPING JACK I	0:15 / 0:15	0:20 / 0:10	0:30 / 0:00
AUSFALLSCHRITT II	0:15 / 0:15	0:20 / 0:10	0:30 / 0:00
BERGSTEIGER	0:15 / 0:15	0:20 / 0:10	0:30 / 0:00
X-SPRUNG	0:15 / 0:15	0:20 / 0:10	0:30 / 0:00
HOCKSTAND	0:15 / 0:15	0:20 / 0:10	0:30 / 0:00
LIEGESTÜTZ I	0:15 / 0:15	0:20 / 0:10	0:30 / 0:00

STUFE 1

DREIMAL DREI
GESAMTDAUER: 27:00

Die Drei ist die magische Zahl der letzten Einsteiger-Übungsfolge der Stufe 1. Sie absolvieren jedes Set à 3 Minuten 3-mal. Die Übungsfolge ist damit die längste der Stufe 1.

Jedes Set 3-mal durchführen. Nach jedem Set 1 Minute ruhen.

STEIGERUNG
Wenn Sie sich nicht genügend gefordert fühlen, verringern Sie die Ruhezeit zwischen den Sets auf 30 Sekunden.

SET 1	TRAINING	PAUSE
KNIEHEBEN	0:30	0:00
JUMPING JACK III	0:30	0:00
SPRINT	0:30	0:00
JUMPING JACK II	0:30	0:00

SET 2	TRAINING	PAUSE
KNIEBEUGE	0:30	0:00
AUSFALLSCHRITT III	0:30	0:00
HOCKE & BEINHEBEN (RE)	0:30	0:00
HOCKE & BEINHEBEN (LI)	0:30	0:00

SET 3	TRAINING	PAUSE
MUMIE	0:30	0:00
LIEGESTÜTZ I	0:30	0:00
RADFAHR-CRUNCH	0:30	0:00
BRETT	0:30	0:00

STUFE 2:
ÜBUNGSFOLGEN FÜR EINSTEIGER

Die fünf Übungsfolgen für Einsteiger der Stufe 2 sind ein HIIT-Grundlagentraining in verschiedenen Trainingsformaten. Die Übungsfolgen sind anspruchsvoller als die der Stufe 1: Sie enthalten plyometrische Übungen (Sprungtraining), häufige Positionswechsel und Übungen mit erhöhtem Schwierigkeitsgrad. Die Messlatte liegt höher.

HIIT ME AGAIN
GESAMTDAUER: 9:00

Die erste Übungsfolge auf Stufe 2 enthält explosive Bewegungen und multiplanare Übungen. Die Ansprüche steigen – Sie werden sich mehr anstrengen und härter arbeiten müssen.

**Set 3-mal durchführen.
Nach jedem Set 1 Minute ruhen.**

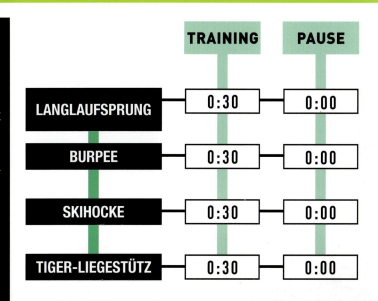

	TRAINING	PAUSE
LANGLAUFSPRUNG	0:30	0:00
BURPEE	0:30	0:00
SKIHOCKE	0:30	0:00
TIGER-LIEGESTÜTZ	0:30	0:00

STUFE 2

HOCH UND TIEF
GESAMTDAUER: 8:00

Die Übungsfolge konzentriert sich auf plyometrische bzw. Sprungübungen. Dabei werden die Muskeln wiederholt und schnell gestreckt (belastet) und kontrahiert. Das abwechselnde Belasten und Kontrahieren steigert die Muskelkraft und entspricht den spezifischen Bewegungen in vielen Sportarten. Plyometrische Übungen sind besonders geeignet, um Beweglichkeit, Gleichgewicht, Koordination und sportliche Leistung zu steigern.

Set 2-mal durchführen.
Nach jedem Set 30 Sekunden ruhen.

	TRAINING	PAUSE
SKATERSPRUNG	0:20	0:10
KNIEBEUGE	0:20	0:10
BURPEE	0:20	0:10
SCHRITTSPRUNG	0:20	0:10
SLALOMSPRUNG	0:20	0:10
HOCKSPRUNG I	0:20	0:10
1-2-STÜTZ	0:20	0:10

FANTASTISCH FIT
GESAMTDAUER: 10:00

Seien Sie morgen früh beim Aufwachen fantastisch fit! Die Übungsfolge führt das beim HIIT häufig gewählte 4:1-Verhältnis von Belastung und Ruhe ein: Sie trainieren viermal so lang wie Sie ruhen und werden erschöpft aber glücklich sein.

Jedes Set 2-mal durchführen.
Nach jedem Set 30 Sekunden ruhen.

SET 1	TRAINING	PAUSE
SPRINT	0:30	0:00
GRASHÜPFER	0:30	0:00
X-SPRUNG	0:30	0:00
BERGSTEIGER	0:30	0:00

SET 2	TRAINING	PAUSE
KNIEBEUGE	0:30	0:00
AUSFALLSCHRITT III	0:30	0:00
HOCKSPRUNG I	0:30	0:00
SCHRITTSPRUNG	0:30	0:00

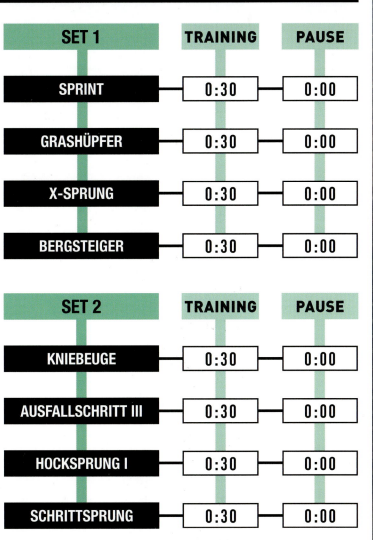

STUFE 2 — HIIT-ÜBUNGSFOLGEN FÜR EINSTEIGER

STUFE 2

MIT HIIT INS ZIEL
GESAMTDAUER: 14:00

Diese Übungsfolge greift die Reserven an: acht Ganzkörperübungen, die den Körper straffen und einen Haufen Kalorien verbrennen. Geben Sie alles. Maximale Anstrengung wird mit maximalen Ergebnissen belohnt.

**Set 2-mal durchführen.
Nach jedem Set 1 Minute ruhen.**

	TRAINING	PAUSE
SPRINT	0:30	0:15
SKATERSPRUNG	0:30	0:15
HOCKSPRUNG II	0:30	0:15
SIDESTEPS & HOCKE	0:30	0:15
1-2-STÜTZ	0:30	0:15
AUSFALLSCHRITT II	0:30	0:15
LIEGESTÜTZ II	0:30	0:15
SPRINTER-SITUP	0:30	0:15

KEIN STILLSTAND
GESAMTDAUER: 22:30

Die letzte Übungsfolge auf Stufe 2 ist auch die längste. Sie strafft, festigt und kräftigt den Körper. Und Sie bekommen einen Eindruck davon, was Sie auf Stufe 3 erwartet.

Jedes Set 3-mal durchführen. Nach jedem Set 30 Sekunden ruhen.

STUFE 2 — HIIT-ÜBUNGSFOLGEN FÜR EINSTEIGER

SET 1	TRAINING	PAUSE
JUMPING JACK I	0:30	0:00
HOCKSPRUNG I	0:30	0:00
SIDESTEPS & HOCKE	0:30	0:00
SCHRITTSPRUNG	0:30	0:00

SET 2	TRAINING	PAUSE
SPRINT	0:30	0:00
WAAGE (RE)	0:30	0:00
BURPEE	0:30	0:00
WAAGE (LI)	0:30	0:00

SET 3	TRAINING	PAUSE
V-SITUP	0:30	0:00
1-2-STÜTZ	0:30	0:00
SPRINTER-SITUP	0:30	0:00
BRETT & BOXSCHLAG	0:30	0:00

STUFE 3:
ÜBUNGSFOLGEN FÜR EINSTEIGER

Auf Stufe 3 dreht sich alles um die maximale Leistung. Die Übungsfolgen auf diesem Niveau sind fünf anspruchsvolle Work-outs mit einigen der schwierigsten Übungen und den geringsten Erholungszeiten. Steigen Sie voll ein in HIIT und geben Sie alles!

SCHNELLER, LÄNGER, STÄRKER!

GESAMTDAUER: 22:30

Schon das erste Set der Stufe 3 für Einsteiger stellt hohe Anforderungen: Schnelles Cardiotraining und längere Belastungszeiten sind der Weg zu einem kräftigen, straffen Körper.

Jedes Set 3-mal durchführen. Nach jedem Set 30 Sekunden ruhen.

SET 1	TRAINING	PAUSE
SPRINT	0:30	0:00
X-SPRUNG	0:30	0:00
SKIHOCKE	0:30	0:00
KRABBE	0:30	0:00

SET 2	TRAINING	PAUSE
POWER-KNIE (RE)	0:30	0:00
EIN- & AUSWÄRTS	0:30	0:00
POWER-KNIE (LI)	0:30	0:00
SPIDERMAN	0:30	0:00

SET 3	TRAINING	PAUSE
BURPEE	0:30	0:00
SIDESTEPS & HOCKE	0:30	0:00
HOCKSPRUNG II	0:30	0:00
1-2-STÜTZ	0:30	0:00

DIE KRAFT DER DREI
GESAMTDAUER: 22:30

Je härter die Trainingsintervalle und je komplexer die Übungen werden, desto wichtiger ist es, dass Sie auf eine korrekte Ausführung achten. Fordern Sie von sich selbst maximale Leistung, aber stellen Sie immer die Qualität über die Quantität.

Jedes Set 3-mal durchführen. Nach jedem Set 30 Sekunden ruhen.

STUFE 3 — HIT-ÜBUNGSFOLGEN FÜR EINSTEIGER

SET 1	TRAINING	PAUSE
JUMPING JACK I	0:30	0:00
BERGSTEIGER	0:30	0:00
SLALOMSPRUNG	0:30	0:00
STERN	0:30	0:00

SET 2	TRAINING	PAUSE
HOCKSPRUNG I	0:30	0:00
HOCKSTAND	0:30	0:00
SCHRITTSPRUNG	0:30	0:00
HOCKSTAND	0:30	0:00

SET 3	TRAINING	PAUSE
TIGER-LIEGESTÜTZ	0:30	0:00
STRECKEN	0:30	0:00
V-SITUP	0:30	0:00
RUSSISCHE DREHUNG	0:30	0:00

STUFE 3

BEINE IN BESTFORM

GESAMTDAUER: 15:00
Die Übungsfolge mit acht ausgewählten Übungen, die den Core-Bereich kräftigen und die Beine in Form bringen, ist ein hartes Stück Arbeit. Das 4:1-Verhältnis von Belastung und Ruhe sorgt dafür, dass der Puls ordentlich in die Höhe getrieben wird.

**Set 3-mal durchführen.
Nach jedem Set 1 Minute ruhen.**

	TRAINING	PAUSE
SPRINT	0:30	0:00
SCHRITTSPRUNG	0:30	0:00
GRASHÜPFER	0:30	0:00
STERN	0:30	0:00
HOCKSPRUNG I	0:30	0:00
BALLENPRESSE	0:30	0:00
BURPEE MIT BEINHEBEN	0:30	0:00
BRETT & DREHUNG	0:30	0:00

052

CORE-FIT

GESAMTDAUER: 15:00

Die vierte Übungsfolge ist eine Kombination aus Cardio-Übungen und Übungen für den Oberkörper bei einem 4:1-Verhältnis von Belastung und Ruhe. Geben Sie alles, was in Ihnen steckt – auch noch in der dritten Runde!

**Set 3-mal durchführen.
Nach jedem Set 1 Minute ruhen.**

STUFE 3 — HIIT-ÜBUNGSFOLGEN FÜR EINSTEIGER

	TRAINING	PAUSE
X-SPRUNG	0:30	0:00
1-2-STÜTZ	0:30	0:00
STERN	0:30	0:00
STRECKEN	0:30	0:00
SKIHOCKE	0:30	0:00
TIGER-LIEGESTÜTZ	0:30	0:00
KRABBE	0:30	0:00
BRETT & SPRUNG	0:30	0:00

COUNTDOWN
GESAMTDAUER: 32:00

Die letzte Einsteiger-Übungsfolge der Stufe 3 trainiert mit vier komplexen Sets die Ausdauer, bringt den Körper auf Vordermann, verbrennt Kalorien und bereitet Sie auf neue abwechslungsreiche HIIT-Einheiten vor.

Set 1 1-mal, Set 2 bis 4 jeweils 3-mal durchführen. Nach jedem Set 1 Minute ruhen.

STUFE 3 — HIIT-ÜBUNGSFOLGEN FÜR EINSTEIGER

SET 1 (1 RUNDE)

Übung	TRAINING	PAUSE
X-SPRUNG	0:30	0:00
1-2-STÜTZ	0:30	0:00
STERN	0:30	0:00
STRECKEN	0:30	0:00
SKIHOCKE	0:30	0:00
TIGER-LIEGESTÜTZ	0:30	0:00
KRABBE	0:30	0:00
BRETT & SPRUNG	0:30	0:00

SET 2 (3 RUNDEN)

Übung	TRAINING	PAUSE
JUMPING JACK I	0:30	0:00
BERGSTEIGER	0:30	0:00
SLALOMSPRUNG	0:30	0:00
AUSFALLSCHRITT II	0:30	0:00

SET 3 (3 RUNDEN)

Übung	TRAINING	PAUSE
HOCKSPRUNG I	0:30	0:00
HOCKSTAND	0:30	0:00
PEDAL	0:30	0:00
HOCKSTAND	0:30	0:00

SET 4 (3 RUNDEN)

Übung	TRAINING	PAUSE
LIEGESTÜTZ I	0:30	0:00
TRIZEPS-DIP	0:30	0:00
V-SITUP	0:30	0:00
RUSSISCHE DREHUNG	0:30	0:00

055

04
HIIT-ÜBUNGSFOLGEN ZUM AUSPOWERN

LEG EINFACH LOS!

Die einfache und schweißtreibende Übungsfolge macht gute Laune. Sie vereint drei HIIT-Klassiker: Sprint, Kniebeuge und Burpee. Gehen Sie bis an Ihren Maximalpuls und denken Sie stets daran: Sie ernten, was Sie säen. Viel Erfolg!

Nach jeder Runde 1 Minute ruhen.

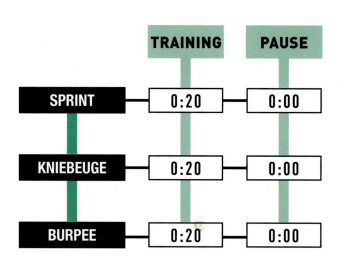

BEINHÖLLE

Mit Übungen, die auf Waden, hintere Oberschenkel- und Gesäßmuskulatur zielen, wird dieser Work-out Ihre Beine bis aufs Äußerste fordern. Aber die waren nie kräftiger, fester oder besser definiert. Mit einem 4:1-Verhältnis von Belastung und Pause ist das Programm nicht einfach, doch die Anstrengung lohnt sich!

Nach jeder Runde 30 Sekunden ruhen.

HIIT-ÜBUNGSFOLGEN ZUM AUSPOWERN

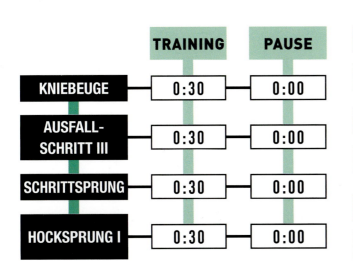

FIT VON KOPF BIS FUSS

Die Übungsfolge enthält häufig praktizierte komplexe Übungen (die verschiedene Muskeln trainieren). Indem Sie mehrere große Muskelgruppen gemeinsam trainieren, heizen Sie die Fettverbrennung an. Sie verbrauchen Kalorien, bauen Kraft auf und verbessern Muskeltonus und Definition.

Auf allen Stufen das Set 1-mal durchführen.

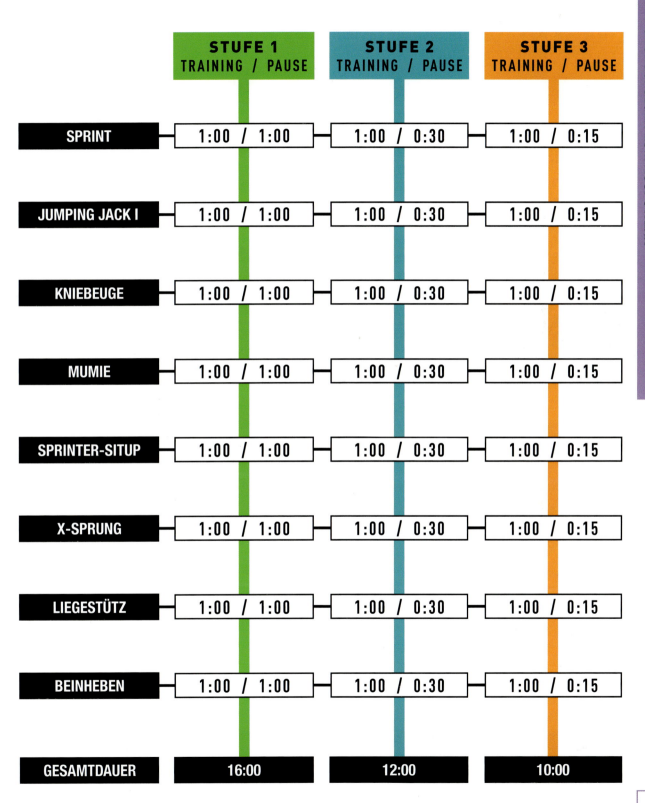

ZYKLUS
GESAMTDAUER: 8:00

Der Work-out enthält Übungen, die zyklisch die großen Muskelgruppen aktivieren, indem Sie sich aus dem Stand in das Brett oder einen Liegestütz und zurück bewegen. Der ständige Positionswechsel treibt den Puls auf Spitzenwerte. Denken Sie daran: Ein Training, das Sie nicht fordert, fördert Sie auch nicht.

Set auf allen Stufen 4-mal durchführen.
Nach jedem Set 1 Minute ruhen.

STUFE 1	TRAINING	PAUSE
SPRINT	0:20	0:00
KNIEBEUGE	0:20	0:00
BRETT	0:20	0:00

STUFE 2	TRAINING	PAUSE
SPRINT	0:20	0:00
HOCKSPRUNG I	0:20	0:00
BURPEE	0:20	0:00

STUFE 3	TRAINING	PAUSE
SPRINT	0:20	0:00
HOCKSPRUNG II	0:20	0:00
BURPEE MIT BEINHEBEN	0:20	0:00

STEIGERUNG
Wenn Sie für eine größere Herausforderung bereit sind, können Sie alle drei Stufen im Stufentraining absolvieren: Trainieren Sie 1 Set von Stufe 1, 2 Sets von Stufe 2 und 3 Sets von Stufe 3.

BURPEE TOTAL
GESAMTDAUER: 7:00

Das Wort »Burpee« lässt Sie vermutlich schmunzeln, doch sobald Sie einen gemacht haben, werden Sie eher stöhnen. Bei Trainern beliebt, bei Trainierenden verhasst: Der Burpee ist ein Klassiker beim Training mit dem eigenen Körpergewicht. Explosive Bewegungen und Positionsänderungen treiben den Puls in die Höhe, Liegestütze kräftigen den Core-Bereich.

In jedem Intervall möglichst viele Burpees machen. Dazwischen wie angegeben ruhen.

	TRAINING	PAUSE
BURPEE	0:10	0:10
BURPEE	0:20	0:20
BURPEE	0:20	0:10
BURPEE	0:30	0:30
BURPEE	0:20	0:20
BURPEE	0:30	1:00
BURPEE	0:20	0:20
BURPEE	0:20	0:20
BURPEE	0:10	0:10
BURPEE	0:20	0:20

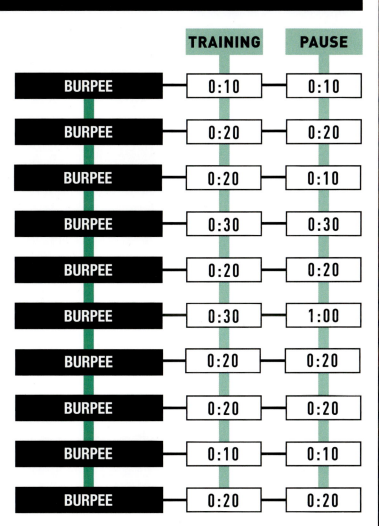

HIIT-ÜBUNGSFOLGEN ZUM AUSPOWERN

GIB ALLES!

Das Herz ist der wichtigste Muskel im menschlichen Körper. Wie jeder andere Muskel passt er sich an eine Belastung an. Wenn Sie Dauer oder Intensität Ihrer Work-outs variieren, arbeitet das Herz stets auf hohem Niveau. Diese längere Übungsfolge ist ein Training zur Verbesserung des Herz-Kreislauf-Systems, steigert die sportliche Leistungsfähigkeit und baut Kraft auf.

Zwischen den Runden nicht ruhen.

TRAINERTIPP

HIIT bedeutet Trainieren mit Maximalpuls. Fordern Sie sich mit diesem Work-out mental und körperlich bis an Ihre Grenzen, besonders auf Stufe 3. Wie sehr wollen Sie den Erfolg?

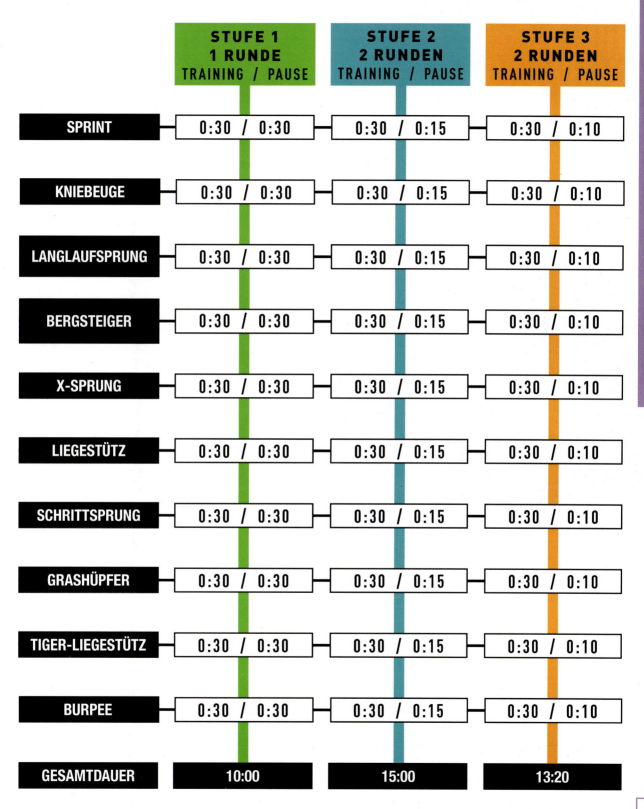

HOL DIR SCHWUNG!

Diese Übungsfolge kann die Stimmung aufhellen, das hormonelle Gleichgewicht wiederherstellen und sie schenkt Energie und Selbstbewusstsein. Außerdem verbessert sie die Beweglichkeit. Sie werden sehen, nach diesem Work-out sind Sie bereit, es mit der Welt aufzunehmen!

STEIGERUNG

Bereit für eine Herausforderung? Probieren Sie das Trio: Absolvieren Sie jede Stufe 3-mal, das heißt neun Runden bei zunehmendem Schwierigkeitsgrad.

STUFE 1	TRAINING	PAUSE
LIEGESTÜTZ I	0:30	0:00
KNIEBEUGE	0:30	0:00
JUMPING JACK I	0:30	0:00
BRETT	0:30	0:00

SET 3-MAL DURCHFÜHREN.
NACH JEDEM SET 1 MINUTE RUHEN.
GESAMTDAUER: 9:00

STUFE 2	TRAINING	PAUSE
LIEGESTÜTZ II	0:30	0:00
SCHRITTSPRUNG	0:30	0:00
TRIZEPS-DIP	0:30	0:00
BURPEE	0:30	0:00

SET 5-MAL DURCHFÜHREN.
NACH JEDEM SET 1 MINUTE RUHEN.
GESAMTDAUER: 15:00

STUFE 3	TRAINING	PAUSE
1-2-STÜTZ	0:30	0:00
HOCKSPRUNG II	0:30	0:00
KRABBE	0:30	0:00
BURPEE MIT BEINHEBEN	0:30	0:00

SET 7-MAL DURCHFÜHREN.
NACH JEDEM SET 1 MINUTE RUHEN.
GESAMTDAUER: 21:00

SCHLANKE SCHENKEL

Trainiert man große Muskeln, verbrennt man auch viele Kalorien. Die Muskeln des Unterkörpers (Quadrizeps, hintere Oberschenkelmuskulatur und Gesäßmuskeln) sind die größten im Körper und verbrauchen sehr viel Energie (Kalorien), nicht nur während des Trainings, sondern durch den Nachbrenneffekt auch noch danach. Keine Sorge, Kniebeugen und Hockstand werden Sie nicht in den unglaublichen Hulk verwandeln. Im Gegenteil: Kniebeugen machen schlank, verbessern das Gleichgewicht, die Beweglichkeit und die sportliche Leistung. Wer würde darauf verzichten wollen?

STUFE 1
JEDES SET 1-MAL DURCHFÜHREN.
NACH JEDEM SET 1 MINUTE RUHEN.
GESAMTDAUER: 6:00

STUFE 2
JEDES SET 2-MAL DURCHFÜHREN.
NACH JEDEM SET 1 MINUTE RUHEN.
GESAMTDAUER: 12:00

STUFE 3
JEDES SET 3-MAL DURCHFÜHREN.
NACH JEDEM SET 1 MINUTE RUHEN.
GESAMTDAUER: 18:00

HIIT-ÜBUNGSFOLGEN ZUM AUSPOWERN

SET 1	TRAINING	PAUSE
KNIEBEUGE	0:20	0:00
HOCKSTAND	0:10	0:00
KNIEBEUGE	0:20	0:00
HOCKSTAND	0:10	0:00
KNIEBEUGE	0:20	0:00
HOCKSTAND	0:10	0:00
KNIEBEUGE	0:20	0:00
HOCKSTAND	0:10	0:00

SET 2	TRAINING	PAUSE
HOCKSTAND	0:20	0:00
KNIEBEUGE	0:10	0:00
HOCKSTAND	0:20	0:00
KNIEBEUGE	0:10	0:00
HOCKSTAND	0:20	0:00
KNIEBEUGE	0:10	0:00
HOCKSTAND	0:20	0:00
KNIEBEUGE	0:10	0:00

DREISATZ
GESAMTDAUER: 7:30

Bei einem 4:1-Verhältnis von Belastung und Pause fordert diese Übungsfolge jeden einzelnen Muskel Ihres Körpers heraus. Jedes Set ist so konzipiert, dass es möglichst viele Muskelgruppen aktiviert, den Stoffwechsel antreibt und die Pfunde purzeln lässt. Die Trainingseinheit ist anspruchsvoll, um so wichtiger ist die korrekte Haltung. Denken Sie stets daran, dass Qualität über Quantität geht. Hier gibt es keine Stufen. Ziel ist, möglichst viele Runden zu absolvieren – bis maximal drei vollständige Runden.

Nach jedem Set 30 Sekunden ruhen.

VORSICHT
Achten Sie bei Ausfallschritt, Kniebeuge und Hocke auf Ihre Haltung. Das Gewicht ruht auf den Fersen, und die gebeugten Knie dürfen nicht über die Fußspitze ragen.

HIIT-ÜBUNGSFOLGEN ZUM AUSPOWERN

SET 1	TRAINING	PAUSE
SPRINT	0:30	0:00
LANGLAUFSPRUNG	0:30	0:00
X-SPRUNG	0:30	0:00
BERGSTEIGER	0:30	0:00

SET 2	TRAINING	PAUSE
KNIEBEUGE	0:30	0:00
AUSFALLSCHRITT III	0:30	0:00
HOCKSPRUNG I	0:30	0:00
SCHRITTSPRUNG	0:30	0:00

SET 3	TRAINING	PAUSE
POWER-KNIE (RE)	0:30	0:00
BURPEE	0:30	0:00
POWER-KNIE (LI)	0:30	0:00
TIGER-LIEGESTÜTZ	0:30	0:00

FIT WIE JUMPING JACK

Bei dieser Übungsfolge dreht sich alles um den Jumping Jack. Jede Variante des Klassikers hat ihre eigenen Herausforderungen, vom Herz-Kreislauf- bis zum Krafttraining. Die Wechsel in Tempo und Haltung und der Einsatz aller großen Muskelgruppen treiben Puls und Fettverbrennung an. Sie werden sich wünschen, die zehn Sekunden Pause wären etwas länger.

TRAINERTIPPS
Bei den kraftbasierten Jumping Jacks geht Haltung vor Tempo. Beim X-Sprung bleibt die Brust oben, Knie, Hüfte und Fußgelenke werden gebeugt. Beim Liegestütz berührt die Nase den Boden.

	TRAINING	PAUSE
JUMPING JACK I	0:20	0:10
X-SPRUNG	0:20	0:10
JUMPING JACK III	0:20	0:10
LIEGESTÜTZ	0:20	0:10

STUFE 1 — SET 4-MAL DURCHFÜHREN. NACH JEDEM SET 30 SEKUNDEN RUHEN. **GESAMTDAUER: 10:00**

STUFE 2 — SET 8-MAL DURCHFÜHREN. NACH JEDEM SET 30 SEKUNDEN RUHEN. **GESAMTDAUER: 20:00**

STUFE 3 — SET 12-MAL DURCHFÜHREN. NACH JEDEM SET 30 SEKUNDEN RUHEN. **GESAMTDAUER: 30:00**

MISSION BAUCHFREI

Schlanke, definierte Bauchmuskeln sind sexy. Wer wollte sie nicht! Aber sie müssen hart erarbeitet werden. Disziplin bei der Ernährung und Eifer beim Training sind Grundvoraussetzungen. Die Übungen in diesem Work-out heben und drehen den Oberkörper, um möglichst viele Muskelfasern zu aktivieren und schnell sichtbare Ergebnisse zu erzielen.

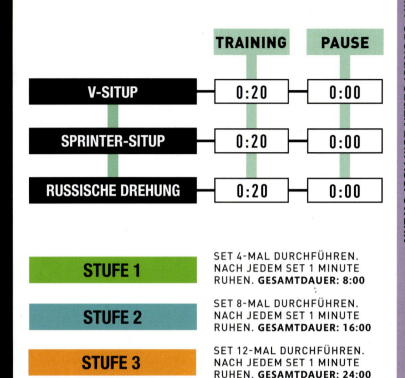

HIIT-ÜBUNGSFOLGEN ZUM AUSPOWERN

	TRAINING	PAUSE
V-SITUP	0:20	0:00
SPRINTER-SITUP	0:20	0:00
RUSSISCHE DREHUNG	0:20	0:00

STUFE 1 — SET 4-MAL DURCHFÜHREN. NACH JEDEM SET 1 MINUTE RUHEN. **GESAMTDAUER: 8:00**

STUFE 2 — SET 8-MAL DURCHFÜHREN. NACH JEDEM SET 1 MINUTE RUHEN. **GESAMTDAUER: 16:00**

STUFE 3 — SET 12-MAL DURCHFÜHREN. NACH JEDEM SET 1 MINUTE RUHEN. **GESAMTDAUER: 24:00**

TRAINERTIPP
Der Core-Bereich befindet sich zwischen dem unteren Ende des Brustkorbs und der Stelle, wo Gesäßmuskeln und hintere Oberschenkelmuskulatur aufeinandertreffen. Er umfasst damit neben den Bauchmuskeln auch die Hüftbeuger, den Beckenboden und die Gesäßmuskeln. Bei jeder Übung in dieser Folge müssen Sie sämtliche Core-Muskeln aktivieren und die Wirbelsäule stabilisieren, während Sie gegen Ihr eigenes Körpergewicht und die Schwerkraft arbeiten.

STEIGERUNG
Um die Schwierigkeit zu steigern und den Widerstand zu erhöhen, können Sie bei allen Übungen einen Medizinball vor den Körper nehmen.

ALLES IN ACTION

Die Übungsfolge kombiniert explosive Cardio-Elemente, wie Sprinten, mit komplexen Übungen für große Muskeln, wie den Hocksprung II. Sie werden Ihre Muskeln schon nach einer Runde spüren, aber Stufe 2 und 3 heizen Ihnen richtig ein.

Nach jeder Runde 2 Minuten ruhen.

CORE-KILLER

Jede Übung dieser Folge ist eine Herausforderung für alle Core-Muskeln (gerade Bauchmuskulatur, schräge Bauchmuskulatur, quere Bauchmuskulatur, unterer Rücken und Hüfte). In gemeinsamer Anstrengung stabilisieren sie die Wirbelsäule und arbeiten gegen die Kräfte, die wirken, wenn sich der Körper im Raum bewegt. Anders als Crunches, die allein auf die gerade Bauchmuskulatur zielen (*M. rectus abdominis*), bilden diese Übungen ein Set, das den gesamten Core-Bereich trainiert.

VORSICHT

Achten Sie darauf, in der Rückenlage das Becken flach auf dem Boden zu halten. Wird die Krümmung der Wirbelsäule zu stark, besteht die Gefahr, sich am unteren Rücken zu verletzen.

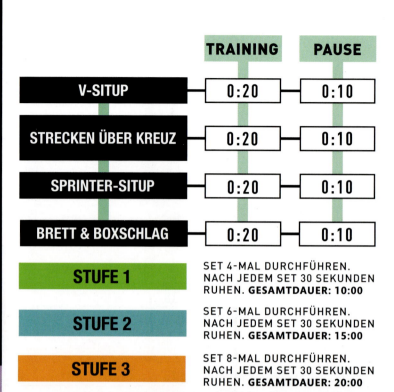

	TRAINING	PAUSE
V-SITUP	0:20	0:10
STRECKEN ÜBER KREUZ	0:20	0:10
SPRINTER-SITUP	0:20	0:10
BRETT & BOXSCHLAG	0:20	0:10

STUFE 1 — SET 4-MAL DURCHFÜHREN. NACH JEDEM SET 30 SEKUNDEN RUHEN. **GESAMTDAUER: 10:00**

STUFE 2 — SET 6-MAL DURCHFÜHREN. NACH JEDEM SET 30 SEKUNDEN RUHEN. **GESAMTDAUER: 15:00**

STUFE 3 — SET 8-MAL DURCHFÜHREN. NACH JEDEM SET 30 SEKUNDEN RUHEN. **GESAMTDAUER: 20:00**

AUF DEM SPRUNG

Die Übungsfolge bringt Sie mit hoher Belastung und entsprechendem Energieverbrauch auf Trab. Sie enthält einige der am häufigsten praktizierten HIIT-Übungen und trainiert den ganzen Körper: Core-Bereich, Beine, Gesäßmuskeln und Arme. Bei einem 3:1-Verhältnis von Belastung und Ruhe müssen Sie alles geben, was in Ihnen steckt. Sie schaffen es!

VORSICHT
Bei jeder Art plyometrischer (Sprung-)Übung muss auf das Aufkommen und Abbremsen des Körpers geachtet werden. Beugen Sie Hüfte, Knie und Fußgelenke und landen Sie kontrolliert.

HIIT-ÜBUNGSFOLGEN ZUM AUSPOWERN

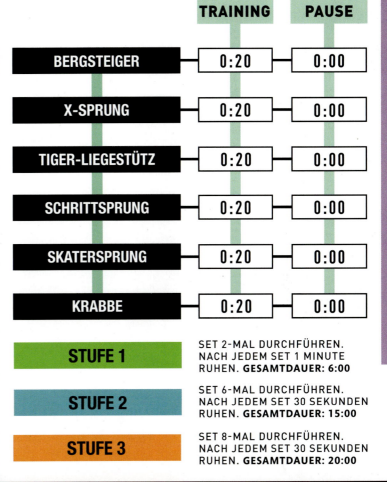

	TRAINING	PAUSE
BERGSTEIGER	0:20	0:00
X-SPRUNG	0:20	0:00
TIGER-LIEGESTÜTZ	0:20	0:00
SCHRITTSPRUNG	0:20	0:00
SKATERSPRUNG	0:20	0:00
KRABBE	0:20	0:00

STUFE 1 — SET 2-MAL DURCHFÜHREN. NACH JEDEM SET 1 MINUTE RUHEN. **GESAMTDAUER: 6:00**

STUFE 2 — SET 6-MAL DURCHFÜHREN. NACH JEDEM SET 30 SEKUNDEN RUHEN. **GESAMTDAUER: 15:00**

STUFE 3 — SET 8-MAL DURCHFÜHREN. NACH JEDEM SET 30 SEKUNDEN RUHEN. **GESAMTDAUER: 20:00**

FEURIGE FÜNF
GESAMTDAUER: 14:00

Fünf modellierende, fettverbrennende, kalorienvernichtende Übungen jagen den Puls durch die Decke und lassen den Körper jaulen! Legen Sie ein Handtuch bereit. Denken Sie daran: Das ist kein Schweiß, das sind die Tränen Ihres Körperfetts!

Auf allen Stufen das Set 4-mal durchführen. Nach jedem Set 1 Minute ruhen.

STEIGERUNG
Sind Sie bereit für ein hartes Training? Verbinden Sie alle drei Stufen zu einem Work-out: Führen Sie die Sets von Stufe 1 bis 3 nacheinander 4-mal durch. Was Sie nicht umbringt, macht Sie härter!

HIIT-ÜBUNGSFOLGEN ZUM AUSPOWERN

STUFE 1	TRAINING	PAUSE
SPRINT	0:30	0:00
BRETT	0:30	0:00
JUMPING JACK I	0:30	0:00
BRETT & DREHUNG	0:30	0:00
KNIEBEUGE	0:30	0:00

STUFE 2	TRAINING	PAUSE
BURPEE	0:30	0:00
LIEGESTÜTZ I	0:30	0:00
JUMPING JACK III	0:30	0:00
BRETT & BOXSCHLAG	0:30	0:00
HOCKSPRUNG I	0:30	0:00

STUFE 3	TRAINING	PAUSE
BURPEE MIT BEINHEBEN	0:30	0:00
1-2-STÜTZ	0:30	0:00
STERN	0:30	0:00
BRETT & SPRUNG	0:30	0:00
HOCKSPRUNG II	0:30	0:00

GROSSES EINMALEINS

Einbeinige Übungen aktivieren kleinere Muskeln wie die Abduktoren *M. gluteus medius* und *M. quadratus lumborum* in einer Weise, wie es mit beiden Füßen auf dem Boden nicht möglich ist. Wenn Sie nur auf einem Bein arbeiten, werden Koordination, Gleichgewicht und stabilisierende Muskeln herausgefordert. Das führt zu einer enormen Verbesserung der sportlichen Leistung, besonders bei Leichtathleten.

STEIGERUNG

Um Schwierigkeit und Kalorienverbrauch zu steigern, können Sie bei allen Übungen ein Gewicht hinzunehmen (Medizinball, Kurzhantel oder Kugelhantel). Aber erst, wenn Sie die Übungen allein mit Ihrem Körpergewicht sicher beherrschen.

Übung	TRAINING	PAUSE
HOCKE & BEINHEBEN	0:30	0:00
WAAGE (LI)	0:30	0:00
AUF & AB	0:30	0:00
WAAGE (RE)	0:30	0:00

STUFE 1 — SET 2-MAL DURCHFÜHREN. NACH JEDEM SET 30 SEKUNDEN RUHEN. **GESAMTDAUER: 5:00**

STUFE 2 — SET 3-MAL DURCHFÜHREN. NACH JEDEM SET 30 SEKUNDEN RUHEN. **GESAMTDAUER: 7:30**

STUFE 3 — SET 5-MAL DURCHFÜHREN. NACH JEDEM SET 30 SEKUNDEN RUHEN. **GESAMTDAUER: 12:30**

HARD-CORE

Die Core-Muskeln stabilisieren den gesamten Körper und unterstützen jede Bewegung. Gemeinsam bewirken trainierte Core-Muskeln, wie der *M. rectus abdominis* (gerader Bauchmuskel), die inneren und äußeren schrägen Bauchmuskeln und der quere Bauchmuskel sowie die Rückenstrecker, kraftvolle und koordinierte Bewegungen.

TRAINERTIPP

Kräftige Core-Muskeln bringen viele Vorteile, vor allem eine verbesserte funktionelle Fitness, eine gute Haltung und einen straffen Bauch. Sie dienen der Verletzungsprophylaxe und der Leistungssteigerung. Aber sie müssen ruhen und sich erholen, um zu wachsen. Vermeiden Sie deshalb ein isoliertes Training des Core-Bereichs an aufeinanderfolgenden Tagen.

HIIT-ÜBUNGSFOLGEN ZUM AUSPOWERN

	TRAINING	PAUSE
RADFAHR-CRUNCHES	0:30	0:00
SEITLICHES BRETT (RE)	0:30	0:00
RUSSISCHE DREHUNG	0:30	0:00
SEITLICHES BRETT (LI)	0:30	0:00

STUFE 1 — SET 2-MAL DURCHFÜHREN. NACH JEDEM SET 30 SEKUNDEN RUHEN. **GESAMTDAUER: 5:00**

STUFE 2 — SET 3-MAL DURCHFÜHREN. NACH JEDEM SET 30 SEKUNDEN RUHEN. **GESAMTDAUER: 7:30**

STUFE 3 — SET 5-MAL DURCHFÜHREN. NACH JEDEM SET 30 SEKUNDEN RUHEN. **GESAMTDAUER: 12:30**

STARK & STRAFF

Die dynamische Übungsfolge, bei der Sie zwischen hochintensiven Cardio- und explosiven Kraftübungen wechseln, ist eine Feuerprobe für Ihre Ausdauer. Geben Sie nicht auf, auch wenn der Work-out lang ist. Bleiben Sie unnachgiebig – visualisieren Sie Ihren schlanken und straffen Körper.

Zwischen den Runden nicht ruhen.

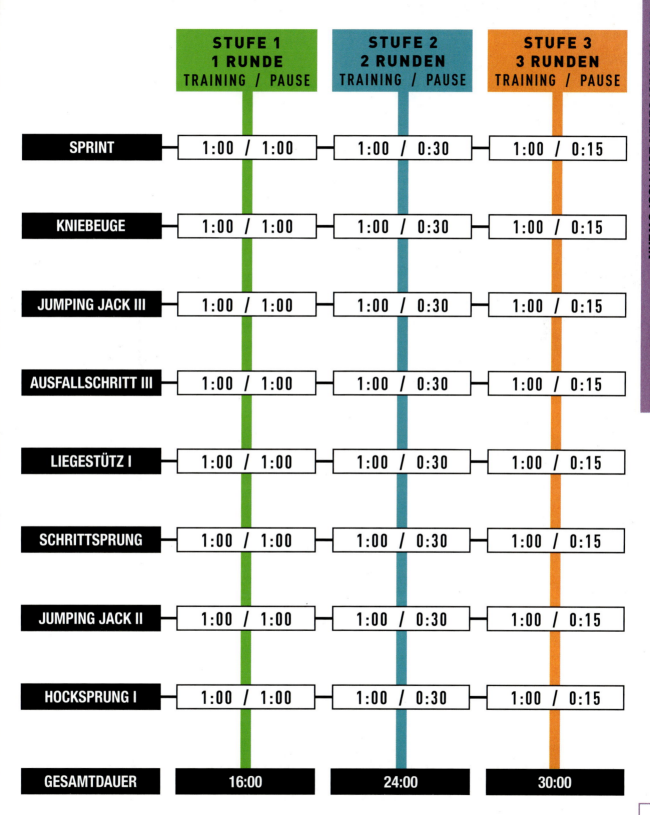

STRAHLENDER STERN

Ich empfehle Ihnen wärmstens, während des Work-outs so laut wie möglich »Ich bin ein Star!« zu rufen. Der kurze Moment, in dem Ihr Körper beim Stern zu strahlen scheint, lässt Sie vielleicht vergessen, wie heftig diese hammerharte Übungsfolge Beine und Lungen herannimmt.

VORSICHT

Wenn man beim X-Sprung und beim Stern zu Boden schaut, neigt man zur Überkompensation des Aufpralls beim Aufkommen durch Beugen der Hüfte. Mit der Zeit belastet das den unteren Rücken. Halten Sie die Brust oben, den Blick geradeaus und aktivieren Sie den Core-Bereich.

	TRAINING	PAUSE
X-SPRUNG	0:20	0:10
SCHRITTSPRUNG	0:20	0:10
STERN	0:20	0:10
LIEGESTÜTZ II	0:20	0:10

STUFE 1 — SET 2-MAL DURCHFÜHREN. NACH JEDEM SET 30 SEKUNDEN RUHEN. **GESAMTDAUER: 5:00**

STUFE 2 — SET 4-MAL DURCHFÜHREN. NACH JEDEM SET 30 SEKUNDEN RUHEN. **GESAMTDAUER: 10:00**

STUFE 3 — SET 6-MAL DURCHFÜHREN. NACH JEDEM SET 30 SEKUNDEN RUHEN. **GESAMTDAUER: 15:00**

SPRINT INTENSIV

Es gibt kaum ein anspruchsvolleres Training als Sprinten. Heben Sie die Beine so schnell Sie können und konzentrieren alle Energie auf kurze, intensive Bewegungen. Das Training ist die Anstrengung wert, denn Sprinten verschiebt die aerobe Schwelle und killt Kalorien.

TRAINERTIPP

Sprinten Sie mit lockeren Schultern und Händen, langem Oberkörper und aktiviertem Core-Bereich. Erzeugen Sie mit den Armen Schwung, indem Sie sie etwa 90 Grad anwinkeln und zwischen Schulter und Hüfte gegenläufig mitführen.

HIIT-ÜBUNGSFOLGEN ZUM AUSPOWERN

	TRAINING	PAUSE
SPRINT	0:30	0:00
BERGSTEIGER	0:30	0:00
SPRINT	0:30	0:00
BERGSTEIGER	0:30	0:00

STUFE 1 — SET 2-MAL DURCHFÜHREN. NACH JEDEM SET 30 SEKUNDEN RUHEN. GESAMTDAUER: 5:00

STUFE 2 — SET 4-MAL DURCHFÜHREN. NACH JEDEM SET 30 SEKUNDEN RUHEN. GESAMTDAUER: 10:00

STUFE 3 — SET 6-MAL DURCHFÜHREN. NACH JEDEM SET 30 SEKUNDEN RUHEN. GESAMTDAUER: 15:00

TRIO TERRIBLE
GESAMTDAUER: 18:00

Die Drei ist die magische Zahl in dieser Übungsfolge, die eine Herausforderung für den ganzen Körper darstellt: Je 3 Übungen in 3 Sets mit je 3 Runden. Jedes Set verbindet Hochleistungs-Cardiotraining und Kraftübungen, die Beine und Arme zittern lassen. Hier kommen Sie nur durch, wenn Sie alles geben.

Jedes Set 3-mal durchführen, bevor Sie zum nächsten übergehen. Nach jeder Runde 30 Sekunden ruhen.

STEIGERUNG
Stellen Sie Ihre Ausdauer auf die Probe und lassen Sie die Ruhepausen zwischen den Sets weg. Führen Sie dazu alle 3 Sets hintereinander aus (9 Übungen), ruhen Sie dann 1 Minute und wiederholen Sie das Ganze noch 2-mal (insgesamt 3 Runden). Gutes Gelingen!

HIIT-ÜBUNGSFOLGEN ZUM AUSPOWERN

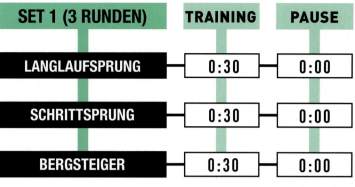

SET 1 (3 RUNDEN)	TRAINING	PAUSE
LANGLAUFSPRUNG	0:30	0:00
SCHRITTSPRUNG	0:30	0:00
BERGSTEIGER	0:30	0:00

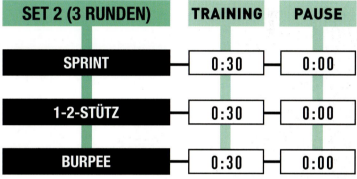

SET 2 (3 RUNDEN)	TRAINING	PAUSE
SPRINT	0:30	0:00
1-2-STÜTZ	0:30	0:00
BURPEE	0:30	0:00

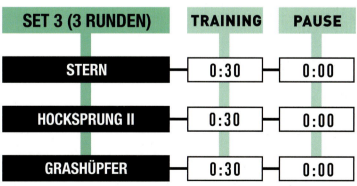

SET 3 (3 RUNDEN)	TRAINING	PAUSE
STERN	0:30	0:00
HOCKSPRUNG II	0:30	0:00
GRASHÜPFER	0:30	0:00

BIKINIFIGUR

Seit fünf Jahren bereite ich die Cheerleaderinnen der Indianapolis Colts auf das Shooting für den Bikinikalender vor und sie haben mir den inoffiziellen Titel des »Bikini-Flüsterers« verliehen. Meine Geheimwaffe? Jede Menge HIIT! Dieser intensive Ganzkörper-Work-out macht auch Sie im Nu Bikini-fit.

Nach jeder Runde 1 Minute ruhen.

IN DIE KNIE!

Kniebeugen aktivieren alle großen Muskeln des Unterkörpers, insbesondere Quadrizeps, hintere Oberschenkelmuskulatur und Gesäßmuskeln. Außerdem trainieren sie die stabilisierenden Muskeln im Core-Bereich und die Beweglichkeit der Fußgelenke. Damit ist die Kniebeuge bei korrekter Ausführung so etwas wie eine Allround-Waffe.

VORSICHT

Bei Kniebeugen kommt es entscheidend auf die korrekte Haltung an. Man wird leicht nachlässig, besonders, wenn man viele hintereinander macht. Halten Sie die Brust gerade, die Knie dürfen nicht nach innen kippen und nicht über die Fußspitzen ragen.

	TRAINING	PAUSE
KNIEBEUGE	0:20	0:10
AUSFALLSCHRITT II (RE)	0:20	0:10
HOCKSTAND	0:20	0:10
AUSFALLSCHRITT II (LI)	0:20	0:10
HOCKSTAND	0:20	0:10
HOCKE & BEINHEBEN (RE)	0:20	0:10
HOCKSTAND	0:20	0:10
HOCKE & BEINHEBEN (LI)	0:20	0:10

STUFE 1
SET 1-MAL DURCHFÜHREN. **GESAMTDAUER: 4:00**

STUFE 2
SET 2-MAL DURCHFÜHREN. NACH JEDEM SET 30 SEKUNDEN RUHEN. **GESAMTDAUER: 9:00**

STUFE 3
SET 3-MAL DURCHFÜHREN. NACH JEDEM SET 30 SEKUNDEN RUHEN. **GESAMTDAUER: 13:30**

HIIT-ÜBUNGSFOLGEN ZUM AUSPOWERN

BLEIB AM RUDER

Rudern ist ein hervorragendes Herz-Kreislauf-Training, bei dem Ober- und Unterkörper gleichermaßen gefordert und Kondition und Kraft im Core-Bereich aufgebaut werden. Die Übungsfolge verbindet Ruder-Crunches mit zwei Ganzkörperübungen, bei denen ebenfalls die Core-Muskulatur im Mittelpunkt steht. Alle drei Übungen aktivieren gleichzeitig Ober- und Unterkörper, während Bauchmuskeln und Rücken Stabilisationsarbeit leisten müssen.

STEIGERUNG

Um Schwierigkeit und Kalorienverbrauch zu steigern, können Sie bei allen Übungen ein Gewicht hinzunehmen (Medizinball, Kurzhantel oder Kugelhantel). Aber erst, wenn Sie die Übungen allein mit Ihrem Körpergewicht sicher beherrschen.

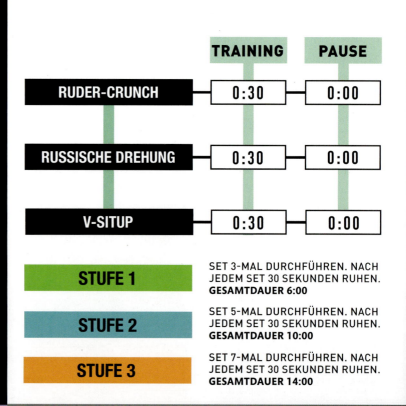

	TRAINING	PAUSE
RUDER-CRUNCH	0:30	0:00
RUSSISCHE DREHUNG	0:30	0:00
V-SITUP	0:30	0:00

STUFE 1 — SET 3-MAL DURCHFÜHREN. NACH JEDEM SET 30 SEKUNDEN RUHEN. GESAMTDAUER 6:00

STUFE 2 — SET 5-MAL DURCHFÜHREN. NACH JEDEM SET 30 SEKUNDEN RUHEN. GESAMTDAUER 10:00

STUFE 3 — SET 7-MAL DURCHFÜHREN. NACH JEDEM SET 30 SEKUNDEN RUHEN. GESAMTDAUER 14:00

HIIT-ÜBUNGSFOLGEN ZUM AUSPOWERN

KNACKIGER PO

GESAMTDAUER: 18:00

Diese Übungsfolge aktiviert gleichzeitig die großen und kleinen Muskeln in Gesäß, Hüfte und Beinen. Auf diesem Weg erreichen Sie den festen und runden Po Ihrer Träume.

Jedes Set 3-mal durchführen. Nach jedem Set 30 Sekunden ruhen.

SET 1	TRAINING	PAUSE
KNIEBEUGE	0:30	0:00
BEINHEBEN MIT DREHUNG (RE)	0:30	0:00
SEITHEBEN (LI)	0:30	0:00

SET 2	TRAINING	PAUSE
AUSFALLSCHRITT III	0:30	0:00
BEINHEBEN MIT DREHUNG (LI)	0:30	0:00
SEITHEBEN (RE)	0:30	0:00

SET 3	TRAINING	PAUSE
EIN- & AUSWÄRTS	0:30	0:00
AUSFALLSCHRITT II	0:30	0:00
HOCKSPRUNG II	0:30	0:00

KREISLAUF-TURBO

Die Übungsfolge ist der reine Stoffwechsel-Turbo und soll Sie an Ihre Grenzen bringen. Geben Sie alles, was in Ihnen steckt, und trainieren Sie bei Maximalpuls. So wirkt der Nachbrenneffekt von HIIT noch lange, nachdem Sie diesen Ganzkörper-Work-out beendet haben.

STEIGERUNG

Wenn Ihnen nach einer Herausforderung ist, stellen Sie Ihre Ausdauer auf die Probe: Lassen Sie die Ruhepausen zwischen den Sets weg. Führen Sie alle 3 Sets hintereinander aus (12 Übungen), ruhen Sie dann 1 Minute und wiederholen Sie das Ganze noch 2-mal (insgesamt 3 Runden).

SET 1	TRAINING	PAUSE
SPRINT	0:30	0:00
LANGLAUFSPRUNG	0:30	0:00
POWER-KNIE (RE)	0:30	0:00
POWER-KNIE (LI)	0:30	0:00

SET 2	TRAINING	PAUSE
BERGSTEIGER	0:30	0:00
X-SPRUNG	0:30	0:00
MUMIE	0:30	0:00
STRECKEN	0:30	0:00

SET 3	TRAINING	PAUSE
BURPEE	0:30	0:00
KNIEBEUGE	0:30	0:00
KNIEHEBEN	0:30	0:00
SCHRITTSPRUNG	0:30	0:00

STUFE 1 — JEDES SET 1-MAL DURCHFÜHREN. NACH JEDEM SET 30 SEKUNDEN RUHEN. GESAMTDAUER: 7:30

STUFE 2 — JEDES SET 2-MAL DURCHFÜHREN. NACH JEDEM SET 30 SEKUNDEN RUHEN. GESAMTDAUER: 15:00

STUFE 3 — JEDES SET 3-MAL DURCHFÜHREN. NACH JEDEM SET 30 SEKUNDEN RUHEN. GESAMTDAUER: 22:30

HIIT-ÜBUNGSFOLGEN ZUM AUSPOWERN

FIGUR-FORMUNG UND FETTABBAU

Wer könnte etwas dagegen haben? Diese Folgen von kurzen Intervallen bei einem 4:1-Verhältnis von Belastung und Ruhe erfordern maximale Anstrengung – und erzielen maximale Wirkung.

STEIGERUNG

Für ein intensives, 45-minütiges Training absolvieren Sie drei Runden, eine auf jeder Stufe. Beginnen Sie mit Stufe 1 und schließen Sie mit Stufe 3 ab.

STUFE 1

	TRAINING	PAUSE
JUMPING JACK I	0:30	0:00
LANGLAUFSPRUNG	0:30	0:00
X-SPRUNG	0:30	0:00
BERGSTEIGER	0:30	0:00

SET 3-MAL DURCHFÜHREN.
NACH JEDEM SET 30 SEKUNDEN RUHEN.
GESAMTDAUER: 7:30

STUFE 2

SET 1

	TRAINING	PAUSE
BERGSTEIGER	0:30	0:00
MUMIE	0:30	0:00
LIEGESTÜTZ I	0:30	0:00
JUMPING JACK III	0:30	0:00

SET 2

	TRAINING	PAUSE
KNIEBEUGE	0:30	0:00
HOCKSTAND	0:30	0:00
KNIEBEUGE	0:30	0:00
HOCKSTAND	0:30	0:00

JEDES SET 3-MAL DURCHFÜHREN.
NACH JEDEM SET 30 SEKUNDEN RUHEN.
GESAMTDAUER: 15:00

STUFE 3

SET 1

	TRAINING	PAUSE
SPRINT	0:30	0:00
1-2-STÜTZ	0:30	0:00
KRABBE	0:30	0:00
HOCKSPRUNG I	0:30	0:00

SET 2

	TRAINING	PAUSE
HOCKSPRUNG II	0:30	0:00
HOCKE & BEINHEBEN (RE)	0:30	0:00
SKIHOCKE	0:30	0:00
HOCKE & BEINHEBEN (LI)	0:30	0:00

SET 3

	TRAINING	PAUSE
LIEGESTÜTZ II	0:30	0:00
WADENHEBEN & SPRUNG	0:30	0:00
STRECKEN	0:30	0:00
AUF & AB	0:30	0:00

JEDES SET 3-MAL DURCHFÜHREN.
NACH JEDEM SET 30 SEKUNDEN RUHEN.
GESAMTDAUER: 22:30

HIIT-ÜBUNGSFOLGEN ZUM AUSPOWERN

VOLL STOFF

Stoffwechsel heißt der Prozess, bei dem der Körper Nahrung in Energie umwandelt. Bei diesem Work-out dreht sich alles darum, den Stoffwechsel anzukurbeln, um mehr Kalorien zu verbrennen. Viele schnelle, komplexe Übungen, die nacheinander ausgeführt werden, heizen die Fettverbrennung ordentlich an.

Nach jeder Runde 1 Minute ruhen.

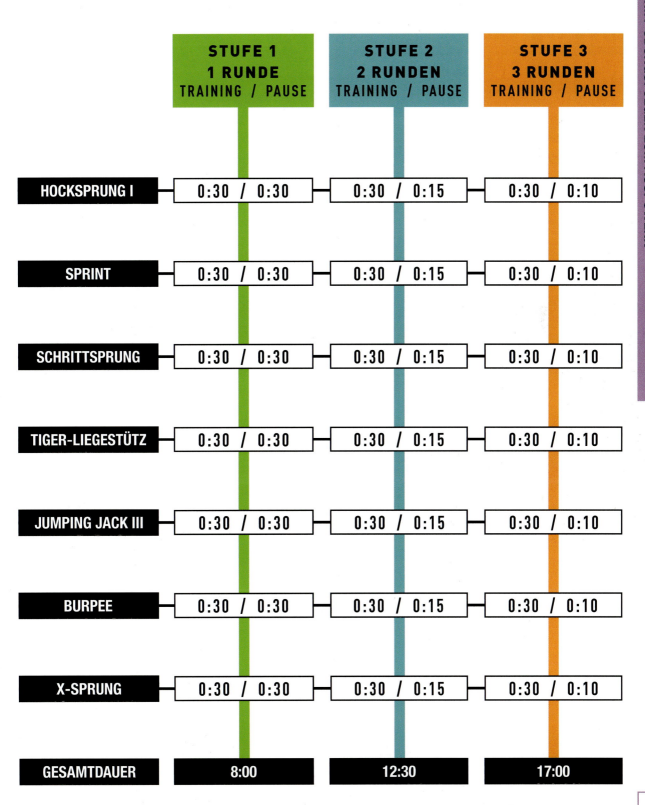

FIT IN 4 MINUTEN

GESAMTDAUER: 4:00

Sie haben wenig Zeit oder brauchen noch einen Stoffwechsel-Kick? Dann sind diese kurzen Kombinationen genau das Richtige. Jede der vier Übungsfolgen ist ein Ganzkörpertraining, das den Puls in die Höhe treibt und den Stoffwechsel für den Nachbrenneffekt auf Touren bringt.

Absolvieren Sie die Übungsfolgen als eigenständigen Work-out, wenn Sie wenig Zeit haben, oder schließen Sie Ihr Training mit einem solchen Kalorienkiller ab. Zwischen den Runden nicht ruhen!

ÜBUNGSFOLGE 1 (2 RUNDEN)

Übung	TRAINING	PAUSE
SPRINT	0:30	0:00
KNIEBEUGE	0:30	0:00
LIEGESTÜTZ I	0:30	0:00
BRETT & SPRUNG	0:30	0:00

ÜBUNGSFOLGE 2 (2 RUNDEN)

Übung	TRAINING	PAUSE
X-SPRUNG	0:30	0:00
LANGLAUFSPRUNG	0:30	0:00
KRABBE	0:30	0:00
STERN	0:30	0:00

HIIT-ÜBUNGSFOLGEN ZUM AUSPOWERN

ÜBUNGSFOLGE 3 (1 RUNDE)

Übung	TRAINING	PAUSE
SPRINT	0:30	0:00
SPIDERMAN	0:30	0:00
AUF & AB	0:30	0:00
1-2-STÜTZ	0:30	0:00
POWER-KNIE (RE)	0:30	0:00
HOCKSPRUNG I	0:30	0:00
POWER-KNIE (LI)	0:30	0:00
BURPEE	0:30	0:00

ÜBUNGSFOLGE 4 (1 RUNDE)

Übung	TRAINING	PAUSE
BURPEE	0:30	0:00
SCHRITTSPRUNG	0:30	0:00
LIEGESTÜTZ II	0:30	0:00
JUMPING JACK II	0:30	0:00
HOCKSPRUNG II	0:30	0:00
TIGER-LIEGESTÜTZ	0:30	0:00
SLALOMSPRUNG	0:30	0:00
V-SITUP	0:30	0:00

PERFEKT FIT
GESAMTDAUER: 10:00 –19:00

Diese vier Übungsfolgen bringen den Körper auf Touren und lassen die Pfunde dahinschmelzen. Die Work-outs sind allesamt nicht länger als 20 Minuten, aber sie haben es in sich. Wählen Sie die passende Stufe, trainieren Sie hart und schonen Sie sich nicht.

TOP TEN
STUFE 1

SET 2-MAL WIEDERHOLEN.

Übung	TRAINING	PAUSE
SPRINT	0:20	0:10
KNIEBEUGE	0:20	0:10
JUMPING JACK II	0:20	0:10
AUSFALLSCHRITT III	0:20	0:10
JUMPING JACK III	0:20	0:10
LIEGESTÜTZ I	0:20	0:10
MUMIE	0:20	0:10
WADENHEBEN & SPRUNG	0:20	0:10
TRIZEPS-DIP	0:20	0:10
RADFAHR-CRUNCHES	0:20	0:10

HIIT-ÜBUNGSFOLGEN ZUM AUSPOWERN

CARDIO UND BAUCHMUSKELN
STUFE 2

SET 1 (3 RUNDEN)	TRAINING	PAUSE
BERGSTEIGER	0:30	0:00
RUDER-CRUNCH	0:30	0:00
RADFAHR-CRUNCH	0:30	0:00
V-SITUP	0:30	0:00

SET 2 (2 RUNDEN)		
BURPEE	0:20	0:10
1-2-STÜTZ	0:20	0:10
GRASHÜPFER	0:20	0:10
BRETT & BOXSCHLAG	0:20	0:10

ZWISCHEN DEN RUNDEN 30 SEKUNDEN RUHEN.

KÖRPER KOMPLETT
STUFE 2 ODER STUFE 3

SET 1 (3 RUNDEN)	TRAINING	PAUSE
SPRINT	0:30	0:00
X-SPRUNG	0:30	0:00
LANGLAUFSPRUNG	0:30	0:00
KNIEHEBEN	0:30	0:00

SET 2 (2 RUNDEN)		
HOCKSPRUNG I	0:20	0:10
TIGER-LIEGESTÜTZ	0:20	0:10
SCHRITTSPRUNG	0:20	0:10
SPHINX	0:20	0:10

ZWISCHEN DEN RUNDEN 30 SEKUNDEN RUHEN.

SHOTGUN WORK-OUT

STUFE 3	RUNDE 1		RUNDE 2	
JEDE RUNDE 1-MAL DURCHFÜHREN. ZWISCHEN DEN RUNDEN 1 MINUTE RUHEN.	TRAINING	PAUSE	TRAINING	PAUSE
SPRINT	0:20	0:10	0:20	0:10
KNIEBEUGE	0:20	0:10	0:20	0:10
LANGLAUFSPRUNG	0:20	0:10	0:20	0:10
LIEGESTÜTZ I	0:20	0:10	0:20	0:10
JUMPING JACK II	0:20	0:10	0:20	0:10
AUSFALLSCHRITT III	0:20	0:10	0:20	0:10
BURPEE	0:20	0:10	0:20	0:10
TRIZEPS-DIP	0:20	0:10	0:20	0:10
STERN	0:20	0:10	0:20	0:10
KRABBE	0:20	0:10	0:20	0:10
MUMIE	0:20	0:10	0:20	0:10
BALLENPRESSE	0:20	0:10	0:20	0:10
POWER-KNIE (RE)	0:20	0:10	0:20	0:10
HOCKE & BEINHEBEN (RE)	0:20	0:10	0:20	0:10
POWER-KNIE (LI)	0:20	0:10	0:20	0:10
HOCKE & BEINHEBEN (LI)	0:20	0:10	0:20	0:10
SIDESTEPS & HOCKE	0:20	0:10	0:20	0:10
LIEGESTÜTZ II	0:20	0:10	0:20	0:10

HIIT-ÜBUNGSFOLGEN ZUM AUSPOWERN

30 MINUTEN ALLROUND
GESAMTDAUER: 30:00

Vier Übungsfolgen, die Sie von Kopf bis Fuß trainieren, mit komplexen Übungen, die alle mehrere Muskeln aktivieren und massenweise Kalorien verbrennen. Wählen Sie die passende Stufe. Viel Spaß!

Jedes Set 3-mal durchführen, bevor Sie zum nächsten übergehen. Zwischen den Sets 30 Sekunden ruhen.

RUNDUM STRAFF

STUFE 1 ODER STUFE 2

SET 1 (3 RUNDEN)	TRAINING
SPRINT	0:30
KNIEHEBEN	0:30
JUMPING JACK I	0:30
MUMIE	0:30

SET 2 (3 RUNDEN)	TRAINING
KNIEBEUGE	0:30
AUSFALLSCHRITT III	0:30
AUSFALLSCHRITT II	0:30
HOCKSTAND	0:30

SET 3 (3 RUNDEN)	TRAINING
BRETT	0:30
JUMPING JACK II	0:30
LIEGESTÜTZ I	0:30
TRIZEPS-DIP	0:30

SET 4 (3 RUNDEN)	TRAINING
BEINHEBEN	0:30
SEITBEUGE (RE)	0:30
RUSSISCHE DREHUNG	0:30
SEITBEUGE (LI)	0:30

KOMPLETT IN FORM

STUFE 1 ODER STUFE 2

SET 1 (3 RUNDEN)	TRAINING
SPRINT	0:30
JUMPING JACK II	0:30
JUMPING JACK III	0:30
BERGSTEIGER	0:30

SET 2 (3 RUNDEN)	TRAINING
KNIEBEUGE	0:30
AUSFALLSCHRITT III	0:30
HOCKSTAND	0:30
AUSFALLSCHRITT II	0:30

SET 3 (3 RUNDEN)	TRAINING
BRETT	0:30
WAAGE (LI)	0:30
WAAGE (RE)	0:30
MUMIE	0:30

SET 4 (3 RUNDEN)	TRAINING
KNIEHEBEN	0:30
LIEGESTÜTZ I	0:30
BEINHEBEN	0:30
RADFAHR-CRUNCH	0:30

HIIT-ÜBUNGSFOLGEN ZUM AUSPOWERN

30 MINUTEN ALLROUND

GESAMTDAUER: 30:00

Jedes Set 3-mal durchführen, bevor Sie zum nächsten übergehen. Zwischen den Sets 30 Sekunden ruhen.

TONUS TOTAL
STUFE 2 ODER STUFE 3

SET 1 (3 RUNDEN)	TRAINING
SPRINT	0:30
X-SPRUNG	0:30
JUMPING JACK III	0:30
BERGSTEIGER	0:30

SET 2 (3 RUNDEN)	TRAINING
KNIEBEUGE	0:30
AUSFALLSCHRITT III	0:30
HOCKSPRUNG I	0:30
SCHRITTSPRUNG	0:30

SET 3 (3 RUNDEN)	TRAINING
BRETT & BOXSCHLAG	0:30
SKATERSPRUNG	0:30
SLALOMSPRUNG	0:30
STERN	0:30

SET 4 (3 RUNDEN)	TRAINING
KNIEHEBEN	0:30
1-2-STÜTZ	0:30
BEINHEBEN	0:30
STRECKEN ÜBER KREUZ	0:30

VOLL FIT
STUFE 3

SET 1 (3 RUNDEN)	TRAINING
KNIEHEBEN	0:30
GRASHÜPFER	0:30
BURPEE	0:30
SPIDERMAN	0:30

SET 2 (3 RUNDEN)	TRAINING
STERN	0:30
BALLENPRESSE	0:30
SCHRITTSPRUNG	0:30
STRECKEN	0:30

SET 3 (3 RUNDEN)	TRAINING
SIDESTEPS & HOCKE	0:30
HOCKSPRUNG II	0:30
SKISPRUNG	0:30
SPHINX	0:30

SET 4 (3 RUNDEN)	TRAINING
POWER-KNIE (RE)	0:30
HOCKSPRUNG I	0:30
POWER-KNIE (LI)	0:30
1-2-STÜTZ	0:30

HIIT-ÜBUNGSFOLGEN ZUM AUSPOWERN

POWERSTUNDE 1
STUFE 2 ODER STUFE 3

Der Reiz des HIIT-Trainings liegt für viele darin, dass es kurz ist. Das muss aber nicht sein. Wenn Sie bereit für 60 Minuten HIIT sind, auf geht's. Führen Sie vor dem Aufwärmen mit Cardio-Übungen 10 Minuten dynamische Dehnübungen durch.

AUFWÄRMEN

Bevor Sie im Work-out alles geben, bringen Sie Ihren Puls mit einem zügigen Aufwärmtraining auf Trab. Beginnen Sie locker. Sie müssen dabei nicht an die Grenzen gehen.

	TRAINING
SPRINT	0:30
JUMPING JACK I	0:30
JUMPING JACK II	0:30
KNIEHEBEN	0:30
KNIEBEUGE	0:30

SET 2-MAL DURCHFÜHREN.
GESAMTDAUER: 5:00

WORK-OUT

Dies ist das Haupttraining. Verlangen Sie sich 45 Minuten lang alles ab, um Fett zu verbrennen, Kraft aufzubauen und Ihre Muskeln in Form zu bringen.

JEDES SET 3-MAL DURCHFÜHREN
NACH JEDEM SET 30 SEKUNDEN RUHEN.
GESAMTDAUER: 45:00

SET 1	TRAINING	PAUSE
SPRINT	0:30	0:00
JUMPING JACK III	0:30	0:00
BERGSTEIGER	0:30	0:00
SKATERSPRUNG	0:30	0:00

SET 2	TRAINING	PAUSE
LANGLAUFSPRUNG	0:30	0:00
BURPEE	0:30	0:00
SKISPRUNG	0:30	0:00
STERN	0:30	0:00

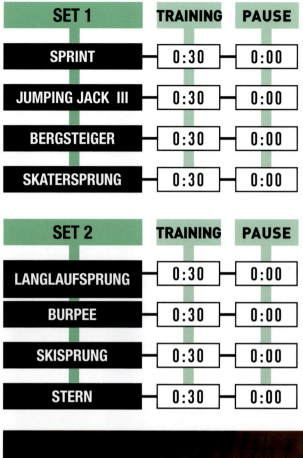

HIIT-ÜBUNGSFOLGEN ZUM AUSPOWERN

SET 3	TRAINING	PAUSE
KNIEBEUGE	0:30	0:00
AUSFALLSCHRITT III	0:30	0:00
HOCKSPRUNG I	0:30	0:00
SCHRITTSPRUNG	0:30	0:00

SET 5	TRAINING	PAUSE
HOCKSPRUNG II	0:30	0:00
BALLENPRESSE	0:30	0:00
MUMIE	0:30	0:00
KRABBE	0:30	0:00

SET 4	TRAINING	PAUSE
POWER-KNIE (RE)	0:30	0:00
SLALOMSPRUNG	0:30	0:00
POWER-KNIE (LI)	0:30	0:00
TIGER-LIEGESTÜTZ	0:30	0:00

SET 6	TRAINING	PAUSE
BEINHEBEN	0:30	0:00
BEINPENDEL	0:30	0:00
RUDER-CRUNCH	0:30	0:00
RADFAHR-CRUNCH	0:30	0:00

TRAINERTIPP
Wenn Sie mit sich kämpfen, ruhen Sie zwischen den Sets 1 Minute.

POWERSTUNDE 2
STUFE 2 ODER STUFE 3

Wer sagt, dass Ihr Training kurz und knackig sein muss? Mit diesem mörderischen einstündigen Work-out lassen sich über 800 Kalorien verbrennen. Bereiten Sie Ihren Körper unbedingt mit 10 Minuten dynamischen Dehnübungen vor, bevor Sie sich mit Cardio-Übungen aufwärmen.

SET 1	TRAINING	PAUSE
KNIEHEBEN	0:30	0:00
1-2-STÜTZ	0:30	0:00
POWER-KNIE (RE)	0:30	0:00
POWER-KNIE (LI)	0:30	0:00

SET 2	TRAINING	PAUSE
SKIHOCKE	0:30	0:00
BURPEE MIT BEINHEBEN	0:30	0:00
SKISPRUNG	0:30	0:00
STERN	0:30	0:00

AUFWÄRMEN

Fangen Sie mit einem schnellen Cardiotraining an. Gehen Sie noch nicht an Ihre Grenzen, setzen Sie 50–75 Prozent Ihrer Kraft ein.

	TRAINING
SPRINT	0:30
JUMPING JACK I	0:30
KNIEHEBEN	0:30
MUMIE	0:30
KNIEBEUGE	0:30

SET 2-MAL DURCHFÜHREN.
GESAMTDAUER: 5:00

WORK-OUT

Nun wird es Zeit, einen Zahn zuzulegen. Holen Sie das Letzte aus sich heraus und halten Sie sich Ihre Ziele vor Augen.

JEDES SET 3-MAL DURCHFÜHREN.
NACH JEDEM SET 30 SEKUNDEN RUHEN.
GESAMTDAUER: 45:00

HIIT-ÜBUNGSFOLGEN ZUM AUSPOWERN

SET 3	TRAINING	PAUSE
HOCKE & BEINHEBEN (RE)	0:30	0:00
SKATERSPRUING	0:30	0:00
HOCKE & BEINHEBEN (LI)	0:30	0:00
BERGSTEIGER	0:30	0:00

SET 4	TRAINING	PAUSE
JUMPING JACK II	0:30	0:00
SLALOMSPRUNG	0:30	0:00
SPRINT	0:30	0:00
BRETT & BOXSCHLAG	0:30	0:00

SET 5	TRAINING	PAUSE
HOCKSPRUNG II	0:30	0:00
TRIZEPS-DIP	0:30	0:00
STRECKEN	0:30	0:00
KRABBE	0:30	0:00

SET 6	TRAINING	PAUSE
V-SITUP	0:30	0:00
RUDER-CRUNCH	0:30	0:00
RUSSISCHE DREHUNG	0:30	0:00
AUF, AUF, AB, AB	0:30	0:00

TRAINERTIPP

Körper und Geist werden Sie bei diesem Work-out anflehen, aufzuhören. Denken Sie daran: Was Sie hineinstecken, bekommen Sie heraus. Geben Sie alles und Sie erzielen maximale Resultate.

POWERSTUNDE 3
STUFE 2 ODER STUFE 3

Wie lang können Sie bei hoher Intensität trainieren? Dieser einstündige Work-out stellt Kraft und Ausdauer auf die Probe. Damit Ihre Muskeln locker und geschmeidig bleiben, beginnen Sie mit 10 Minuten dynamischen Dehnübungen. Danach wärmen Sie sich mit Cardio-Übungen auf.

AUFWÄRMEN

Fünf Minuten Cardiotraining zum Aufwärmen steigern Ihren Puls vor dem zentralen Work-out. Gehen Sie es ruhig an. Sie müssen jetzt noch nicht alles geben.

	TRAINING
SPRINT	0:30
JUMPING JACK II	0:30
KNIEHEBEN	0:30
MUMIE	0:30
KNIEBEUGE	0:30

SET 2-MAL WIEDERHOLEN.
GESAMTDAUER: 5:00

WORK-OUT

Die Aufwärmphase ist beendet; nun ist der Zeitpunkt gekommen, an die Grenzen zu gehen. Achten Sie auf eine korrekte Haltung und auf Körperspannung. Führen Sie jede Übung bewusst aus.

JEDES SET 3-MAL DURCHFÜHREN.
NACH JEDEM SET 30 SEKUNDEN RUHEN.
GESAMTDAUER: 45:00

SET 1	TRAINING	PAUSE
JUMPING JACK I	0:30	0:00
BURPEE MIT BEINHEBEN	0:30	0:00
SPRINT	0:30	0:00
1-2-STÜTZ	0:30	0:00

SET 2	TRAINING	PAUSE
X-SPRUNG	0:30	0:00
GRASHÜPFER	0:30	0:00
STERN	0:30	0:00
BRETT & SPRUNG	0:30	0:00

HIIT-ÜBUNGSFOLGEN ZUM AUSPOWERN

SET 3	TRAINING	PAUSE
BERGSTEIGER	0:30	0:00
TIGER-LIEGESTÜTZ	0:30	0:00
SCHRITTSPRUNG	0:30	0:00
SLALOMSPRUNG	0:30	0:00

SET 5	TRAINING	PAUSE
WADENHEBEN & SPRUNG	0:30	0:00
KRABBE	0:30	0:00
MUMIE	0:30	0:00
LIEGESTÜTZ II	0:30	0:00

SET 4	TRAINING	PAUSE
SKIHOCKE	0:30	0:00
AUSFALLSCHRITT II	0:30	0:00
JUMPING JACK IV	0:30	0:00
HOCKSPRUNG II	0:30	0:00

SET 6	TRAINING	PAUSE
POWER-KNIE (RE)	0:30	0:00
BRETT & BOXSCHLAG	0:30	0:00
POWER-KNIE (LI)	0:30	0:00
BRETT & DREHUNG	0:30	0:00

TRAINERTIPP
Halten Sie bei Übungen in der Bretthaltung Ihren Körper in Position: Gesäßmuskeln und Quadrizeps zusammenpressen, Finger strecken und Handflächen in den Boden drücken.

HIIT-TRAININGSPLÄNE

05

HIIT-TRAININGSPLÄNE

Wenn Sie sich etwas mehr Anleitung für Ihr HIIT wünschen, können Sie nach einem Trainingsplan trainieren. Egal, ob Sie nach einem Einstieg suchen, den Trainingsumfang steigern möchten oder bereits fit für ein vierwöchiges HIIT-Training sind, hier finden Sie das passende Progamm:

3-Tage-Trainingsplan
7-Tage-Trainingsplan
14-Tage-Trainingsplan
28-Tage-Trainingsplan

Jeder Trainingsplan bietet eine Abfolge aufeinander abgestimmter HIIT-Übungs-folgen, die in dieser Zusammenstellung ein maximales Ergebnis bringen. Entscheiden Sie sich für ein Programm, das in Ihren Tagesablauf passt, und setzen Sie alles daran, über den gewählten Zeitraum nicht von Ihrem Vorhaben abzuweichen.

3-TAGE-TRAININGSPLAN

Eine kurze, motivierende Einführung in HIIT, die bei Ihnen den Wunsch nach mehr wecken wird. Absolvieren Sie HIIT drei Tage lang und Sie werden feststellen, dass es sich leichter in Ihren Tagesablauf integrieren lässt, als Sie gedacht haben. Jeder der drei Ganzkörper-Work-outs kombiniert hochintensives Cardiotraining und komplexe Kraftübungen, mit denen Sie eine solide Grundlage für weitere HIIT-Einheiten legen.

STUFE 1

Der Einstieg in HIIT fällt Ihnen schwer? Nehmen Sie die Herausforderung an und trainieren Sie drei Tage lang ein Programm mit HIIT-Grundübungen.

STUFEN 2 UND 3

Sie sind bereits fit und suchen neue Impulse, um frischen Wind in Ihr Fitnessprogramm zu bringen? Nutzen Sie die Möglichkeit, mehr Energie und Intensität in Ihr Training zu stecken – und Spaß dabei zu haben.

HIIT-TRAININGSPLÄNE

TAG 1 — **LEG EINFACH LOS!** — Beginnen Sie mit einer Übungsfolge, bei der sich alles um drei grundlegende HIIT-Körpergewichtsübungen dreht. Der Ganzkörper-Work-out eignet sich hervorragend als Einstieg ins HIIT.

TAG 2 — **STARK & STRAFF** — Bauen Sie auf dem auf, was Sie an Tag 1 erreicht haben. Die zweite Übungsfolge führt plyometrische Übungen ein und wechselt zwischen intensivem Herz-Kreislauf-Training und explosiven Kraftübungen.

TAG 3 — **VOLL STOFF** — Tag 3 stellt Sie vor die größte Herausforderung. Beim HIIT dreht sich alles darum, Kalorien zu verbrennen und bis an die Grenze zu gehen, um auch nach dem Training weiter maximal Kalorien zu verbrennen.

TIPPS

Wärmen Sie sich immer auf, bevor Sie mit den HIIT-Übungsfolgen beginnen, um das Verletzungsrisiko möglichst gering zu halten, und um sich darauf vorzubereiten, im Training 100 Prozent Leistung zu bringen.

Die korrekte Haltung ist wichtiger als Tempo. Machen Sie sich mit jeder einzelnen Übung gründlich vertraut, bevor Sie eine HIIT-Übungsfolge absolvieren.

Bleiben Sie hydriert und machen Sie nicht durch falsche Ernährung Ihre Trainingserfolge zunichte! Um die Ergebnisse zu erzielen, die Sie sich wünschen, müssen Sie hart trainieren und sich richtig ernähren.

7-TAGE-TRAININGSPLAN

Sie möchten in sieben Tagen 2,5 Kilo abnehmen? Sie brauchen ein Aufputschmittel für Ihr regelmäßiges Fitnessprogramm? Der 7-Tage-Trainingsplan führt neue HIIT-Trainingsformate ein und enthält Übungen, die geeignet sind, Fett zu verbrennen, das Gewicht zu reduzieren, die Kraft zu steigern und die sportliche Leistung zu verbessern.

STUFE 1
Schaffen Sie sich ein starkes Fundament. Der 7-Tage-Trainingsplan enthält plyometrische Übungen, Übungen zum Kraftaufbau sowie Übungsfolgen für die Beine und den Core-Bereich.

STUFEN 2 UND 3
Mit Übungsfolgen mit kurzen und langen Sets, plyometrischen Übungen, komplexen Kraftübungen sowie Übungen, die den Core-Bereich kräftigen, wechseln Sie in eine höhere Gangart. Geben Sie alles, was in Ihnen steckt, und Sie werden staunen, welche Ergebnisse Sie in nur sieben Tagen erzielen können.

HIIT-TRAININGSPLÄNE

TAG 1	**LEG EINFACH LOS!**	Die Woche beginnt mit HIIT-Klassikern. Das 1:1-Verhältnis von Belastung und Ruhe bietet dem Körper einen optimalen Einstieg in das Training.
TAG 2	**DREISATZ**	Bei einem 4:1-Verhältnis von Belastung und Ruhe wird es ernst. Streben Sie drei ganze Runden an, aber hören Sie nach einer oder zwei auf, wenn es nicht anders geht.
TAG 3	**BEINHÖLLE**	Der Work-out ist dank fabelhafter, sichtbarer Resultate an Beinen und Po im Studio ein beliebter »Straffer«. Er ist härter, als er aussieht. Geben Sie alles!
TAG 4	**FIT VON KOPF BIS FUSS**	Nun sollten Sie in der Lage sein, die Latte höher zu legen. Der Ganzkörper-Work-out festigt und definiert die Muskeln und verbessert die Ausdauer.
TAG 5	**CORE-KILLER**	An Tag 4 stand Ausdauer auf dem Plan, heute sind es die Bauchmuskeln. Ein anstrengender Work-out zur Stabilisation der Wirbelsäule.
TAG 6	**BIKINIFIGUR**	»Kalorien verbrennen« lautet das Motto an Tag 6. Trainieren Sie durchgehend bei Maximalpuls und maximaler Anstrengung. Sie ernten, was Sie säen.
TAG 7	**KREISLAUF-TURBO**	Beenden Sie die Woche mit einem Turbo-Training, das Sie an Ihre Grenzen bringt und Ihnen den Schweiß aus allen Poren treibt.

TIPPS

Wärmen Sie sich vor jedem Training drei bis fünf Minuten auf, damit Sie alles geben können und um Verletzungen vorzubeugen.

Der 7-Tage-Trainingsplan führt einige athletische Übungen ein. Die Form ist wichtiger denn je. Stellen Sie sicher, dass Sie jede Übung korrekt ausführen können, bevor Sie mit dem Training beginnen.

Machen Sie sich auf Muskelkater gefasst. Wenn Sie so intensiv trainieren, wie Sie sollten, wird er sich unvermeidlich einstellen. Denken Sie daran, dass Muskelkater etwas anderes ist als Verletzungsschmerz.

Der Trainingsplan sollte möglichst an sieben aufeinanderfolgenden Tagen ausgeführt werden. Aber falls erforderlich, legen Sie einen Ruhetag ein. Hören Sie auf Ihren Körper und gewähren Sie ihm die nötige Erholung.

14-TAGE-TRAININGSPLAN

Wenn Sie 14 Tage durchhalten, werden Sie sehen, wie Ihr Körper sich verändert. Die Übungsfolgen – Kombinationen aus Körpergewichts- und Sprungübungen – helfen Ihnen beim Abnehmen und beim Aufbau von Kraft und Ausdauer. Core-Übungen und Übungen für Beine und Po wechseln ab mit Work-outs mit hoher Belastungsintensität, damit Sie jeden Tag alles geben können.

STUFE 1
Die Schwierigkeit der Übungsfolgen steigert sich von Tag zu Tag, sodass Sie mit zunehmender Kraft und Fitness auch mehr gefordert werden. Achten Sie auf eine korrekte Ausführung und fordern Sie jeden Tag etwas mehr von sich.

STUFEN 2 UND 3
Auf den Stufen 2 und 3 ist die Herausforderung noch größer. Der Trainingsplan enthält drei einstündige Work-outs, bei denen Sie über längere Zeit Höchstleistung bringen müssen.

TAG 1	**GIB ALLES!**	Beginnen Sie mit einem intensiven Ganzkörper-Work-out, der den wichtigsten Muskel des Körpers trainiert – das Herz.
TAG 2	**FIT WIE JUMPING JACK**	Zeit zu Springen. Vier verschiedene Varianten des Jumping Jack trainieren Brust, Rücken, Bauchmuskeln und Beine.
TAG 3	**HOL DIR SCHWUNG!**	An Tag 3 steigert sich die Intensität mit Core- und Cardio-Arbeit. Wagen Sie sich an die gesteigerte Variante, wenn Sie sich fit genug fühlen.
TAG 4	**FEURIGE FÜNF**	Nach drei Tagen HIIT sollten Sie den ungewohnten Körpereinsatz spüren. Halten Sie durch, setzen Sie das Training mit einem Ganzkörper-Work-out fort.
TAG 5	**FIT VON KOPF BIS FUSS**	Komplexe Übungen trainieren viele Muskeln gleichzeitig und verschaffen dem ganzen Körper ein effizientes Training.
TAG 6	**KNACKIGER PO**	Die heutige Übungsfolge zielt auf Ihren Po: Sie trainiert große und kleine Gesäßmuskeln, dazu Hüfte und Beine.
TAG 7	**AUF DEM SPRUNG**	Schließen Sie die Woche mit energiegeladenen, anspruchsvollen Sprungübungen ab, um Core-Bereich, Beine, Po und Oberkörper in Form zu bringen.

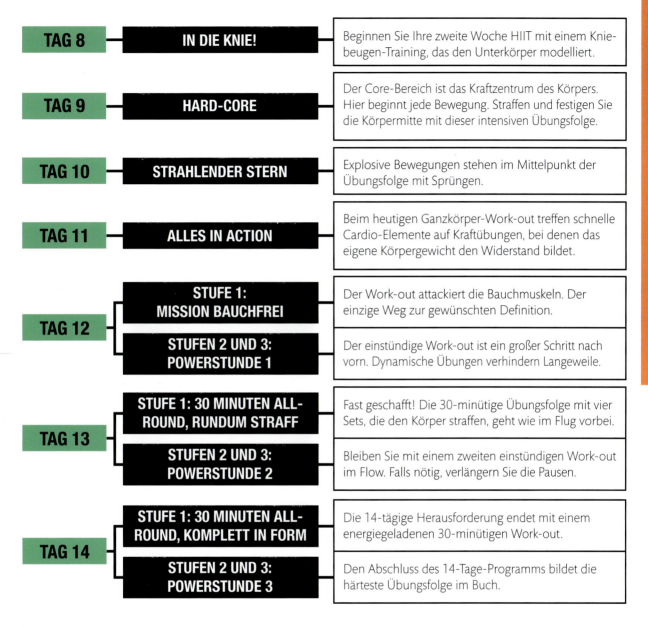

TIPPS

Denken Sie stets daran, dass Qualität vor Quantität geht. Der 14-Tage-Trainingsplan beinhaltet anspruchsvolle athletische Übungen. Die Form verdient besondere Aufmerksamkeit.

Bleiben Sie dran und behalten Sie Ihr Ziel im Blick. Zwei Wochen Training erfordern Entschlossenheit. Aus »einem Tag Pause« werden schnell zwei oder drei.

Ernähren Sie sich bewusst. Sie werden bessere Resultate erzielen, wenn Sie ebenso diszipliniert essen wie trainieren.

Zu einigen Übungsfolgen gibt es Vorschläge zur Steigerung. Wählen Sie diese Varianten, wenn Sie sich stark genug fühlen.

Testen Sie Ihre Fitness zu Beginn und am Ende des Programms. Tag 14 sollte ein besseres Ergebnis bringen!

28-TAGE-TRAININGSPLAN

Er fördert die Fettverbrennung und die Gewichtsreduktion. Das Training strafft den Körper, während er kräftiger und athletischer wird. Die Übungsfolgen werden Tag für Tag anspruchsvoller, entsprechend Ihrem Zuwachs an Fitness. Die Vielfalt der Übungen fordert den Körper kontinuierlich und bringt die erwünschten Resultate.

STUFE 1

Ziel des 28-tägigen Trainingsplan ist es, Ihnen in den ersten 14 Tagen genug Kraft und Selbstvertrauen zu vermitteln, dass Sie die letzten zwei Wochen auf Stufe 2 trainieren können. Halten Sie die Vorgaben ein, testen Sie Ihre Fitness und arbeiten Sie sich zur nächsten Stufe hoch.

STUFEN 2 UND 3

Das vierwöchige Programm soll alles aus Ihnen herausholen, was in Ihnen steckt. Lassen Sie nicht nach, verlangen Sie in jedem Trainingsintervall noch ein Stückchen mehr von sich. Je mehr Sie investieren, desto mehr bekommen Sie heraus.

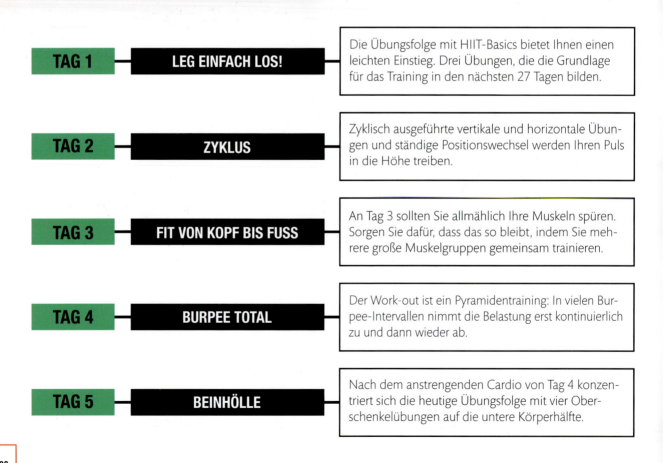

TAG 1 — LEG EINFACH LOS!
Die Übungsfolge mit HIIT-Basics bietet Ihnen einen leichten Einstieg. Drei Übungen, die die Grundlage für das Training in den nächsten 27 Tagen bilden.

TAG 2 — ZYKLUS
Zyklisch ausgeführte vertikale und horizontale Übungen und ständige Positionswechsel werden Ihren Puls in die Höhe treiben.

TAG 3 — FIT VON KOPF BIS FUSS
An Tag 3 sollten Sie allmählich Ihre Muskeln spüren. Sorgen Sie dafür, dass das so bleibt, indem Sie mehrere große Muskelgruppen gemeinsam trainieren.

TAG 4 — BURPEE TOTAL
Der Work-out ist ein Pyramidentraining: In vielen Burpee-Intervallen nimmt die Belastung erst kontinuierlich zu und dann wieder ab.

TAG 5 — BEINHÖLLE
Nach dem anstrengenden Cardio von Tag 4 konzentriert sich die heutige Übungsfolge mit vier Oberschenkelübungen auf die untere Körperhälfte.

HIIT-TRAININGSPLÄNE

TAG 6 — **DREISATZ**

Ein 4:1-Verhältnis von Belastung und Ruhe bedeutet Fettverbrennung. Seien Sie bereit zu schwitzen. Der Work-out fordert jede Faser des Körpers heraus.

TAG 7 — **30 MIN. ALLROUND, KOMPLETT IN FORM**

Beenden Sie die Woche mit einem 30-minütigen Ganzkörper-Work-out. Hängen Sie sich rein, fordern Sie sich und geben Sie alles, was in Ihnen steckt.

TAG 8 — **ALLES IN ACTION**

Mit einer Mischung aus Cardio- und Kombinations-Übungen ist die Übungsfolge der explosive Auftakt Ihrer zweiten Traininsgwoche.

TAG 9 — **GROSSES EINMALEINS**

Tag 9 reduziert die Intensität ein wenig mit einseiti-gen Übungen, die das Gleichgewicht, die Koordina-tion und die Beweglichkeit verbessern.

TAG 10 — **BLEIB AM RUDER**

Die drei Core-Übungen dieser Übungsfolge aktivie-ren gleichzeitig Ober- und Unterkörper.

TAG 11 — **STARK & STRAFF**

Steigern Sie Ihre Ausdauer mit einem längeren Herz-Kreislauf-Work-out, der zwischen intensivem Cardio und athletischen Übungen wechselt.

TAG 12 — **KNACKIGER PO**

Entschleunigen Sie und konzentrieren Sie sich auf Hüfte, Po und Beine. Trotz des langsamen Tempos ist die Folge nicht einfach. Sie werden es im Po spüren.

TAG 13 — **BIKINIFIGUR**

Der heutige schnelle Work-out stellt Cardio- und Core-Training in den Mittelpunkt, um Fett zu ver-brennen und die Bauchmuskeln in Form zu bringen.

TAG 14 — **30 MIN. ALLROUND, VOLL FIT**

Die Hälfte ist geschafft! Nach zwei Wochen HIIT soll-ten Sie sich kräftiger und schlanker fühlen. Bleiben Sie mit einem schnellen 30-minütigen Work-out am Ball.

28-TAGE-TRAININGSPLAN

TAG 15	**FEURIGE FÜNF**	Ihre dritte Woche beginnt mit einer Übungsfolge, die den Puls in die Höhe jagt. Denken Sie daran, zwischendurch Ihre Fitness zu testen!
TAG 16	**HOL DIR SCHWUNG!**	Sie fühlen sich ausgelaugt und sehnen sich nach einer Pause? Machen Sie trotzdem weiter! Nach diesem Work-out haben Sie wieder Kraft und Energie.
TAG 17	**30 MIN. ALLROUND, RUNDUM STRAFF**	Steigern Sie die Intensität mit diesem 30-minütigen Ganzkörper-Work-out.
TAG 18	**STRAHLENDER STERN**	Steigern Sie das Tempo und trainieren Sie Ihre Kraft mit den plyometrischen Übungen in diesem intensiven Cardio-Work-out.
TAG 19	**KREISLAUF-TURBO**	Bringen Sie Stoffwechsel und Puls mit drei Sets Ganzkörpertraining auf Hochtouren.
TAG 20	**IN DIE KNIE!**	Die heutige Übungsfolge geht in die Beine. Achten Sie auf die korrekte Form – auch dann noch, wenn Sie müde werden.
TAG 21	**POWERSTUNDE 1**	Woche 3 endet mit einer intensiven Stunde HIIT. Sie schaffen das! Bleiben Sie konzentriert, entschlossen und voll und ganz bei der Sache.
TAG 22	**30 MIN. ALLROUND, TONUS TOTAL**	Die letzte Woche des 28-tägigen Programms beginnt stark: Fordern Sie sich in der 30-minütigen Übungsfolge bis an die Grenzen.

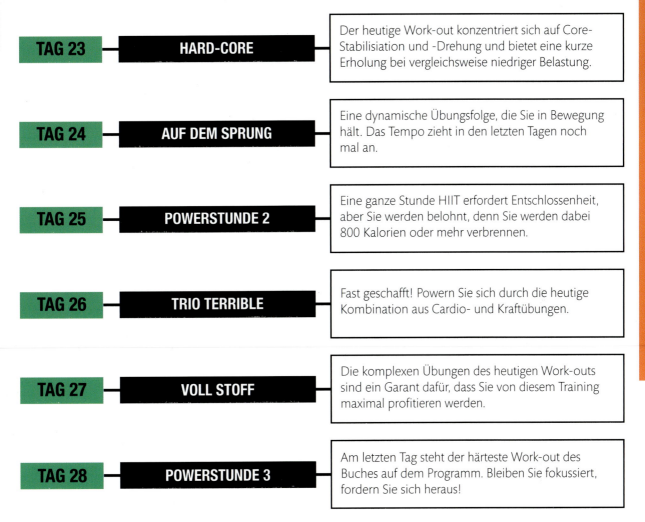

TAG 23	HARD-CORE	Der heutige Work-out konzentriert sich auf Core-Stabilisiation und -Drehung und bietet eine kurze Erholung bei vergleichsweise niedriger Belastung.
TAG 24	AUF DEM SPRUNG	Eine dynamische Übungsfolge, die Sie in Bewegung hält. Das Tempo zieht in den letzten Tagen noch mal an.
TAG 25	POWERSTUNDE 2	Eine ganze Stunde HIIT erfordert Entschlossenheit, aber Sie werden belohnt, denn Sie werden dabei 800 Kalorien oder mehr verbrennen.
TAG 26	TRIO TERRIBLE	Fast geschafft! Powern Sie sich durch die heutige Kombination aus Cardio- und Kraftübungen.
TAG 27	VOLL STOFF	Die komplexen Übungen des heutigen Work-outs sind ein Garant dafür, dass Sie von diesem Training maximal profitieren werden.
TAG 28	POWERSTUNDE 3	Am letzten Tag steht der härteste Work-out des Buches auf dem Programm. Bleiben Sie fokussiert, fordern Sie sich heraus!

TIPPS

Testen Sie Ihre Fitness am Beginn des 28-Tage-Trainings und erneut nach Tag 14. Passen Sie ggf. Ihr Trainingsniveau an.

Zu mehreren Übungsfolgen sind Steigerungsmöglichkeiten angegeben. Greifen Sie darauf zurück, wenn Sie intensiver trainieren möchten.

Wenn Sie jeden Tag Zeit für HIIT reservieren, fällt es Ihnen leichter, am Ball zu bleiben. Machen Sie jede Woche einen Plan für Ihr Training und halten Sie ihn ein.

Sie werden Muskelkater verspüren, vor allem, wenn Sie davor nicht regelmäßig trainiert haben. Die erste Woche ist die härteste. Nehmen Sie sich Zeit für Dehnübungen und unterstützen Sie die Erholung der Muskeln durch eine Massage mit der Faszienrolle.

Wenn Sie sich zu 28 Tagen HIIT entschließen, sollten Sie sich während dieser Zeit bewusst ernähren. Die gewünschten Ergebnisse zu erzielen erfordert auch in diesem Bereich Disziplin.

06

CARDIO-ÜBUNGEN

JUMPING JACK I

Nicht ohne Grund gehört der Jumping Jack zu den Standardübungen. Die explosive Bewegung ist ein großartiges Training für das Herz-Kreislauf-System. Gleichzeitig werden Core-Bereich, Schultern, Rücken und Waden aktiviert.

> **TRAINERTIPP**
> Bleiben Sie möglichst durchgehend in sprungbereiter Haltung, mit dem Gewicht auf den Fußballen und leicht gebeugten Knien.

Stehen Sie aufrecht. Die Füße sind geschlossen, die Arme hängen locker seitlich. Core-Bereich aktivieren und die Knie leicht beugen.

Springen, dabei die Füße mehr als schulterbreit öffnen und die Arme über den Kopf heben. In dieser Haltung aufkommen. Wieder springen, dabei die Füße schließen und die Arme zurück neben den Körper bringen. Wiederholen.

X-SPRUNG

Der X-Sprung ist eine Variante des Jumping Jack. Die Bewegung kurbelt den Stoffwechsel an und bringt Beine, Core-Muskeln, Schultern und Rücken in Form.

Die Füße schulterbreit öffnen und in die Hocke gehen. Dazu Hüfte, Knie und Fußgelenke beugen. Wenn möglich die Fingerspitzen an die Zehen legen. Die Brust heben, nach vorn blicken und das Körpergewicht auf die Fersen verlagern.

Aus der Hocke hochspringen, dabei die Beine strecken, die Arme über den Kopf heben und die Handgelenke kreuzen. Mit geschlossenen Füßen aufkommen. Das Körpergewicht liegt auf den Fußballen. Die Knie leicht gebeugt und den Core-Bereich aktiviert lassen.

BURPEE

Der Burpee oder Liegestützsprung ist eine der anspruchsvollsten Ganzkörperübungen überhaupt. Mit jedem Sprung trainieren Sie Brust, Arme, Schultern, Oberschenkelvorder- und -rückseite sowie den Core-Bereich. Die Übung verlangt einiges, aber der Rundum-Effekt ist die Anstrengung wert.

Die Füße hüftbreit aufstellen, die Knie beugen und die Hände direkt vor den Füßen auf dem Boden aufsetzen. Die Finger weit spreizen und mit festem Griff aufstellen.

Mit den Füßen nach hinten in die Bretthaltung springen. Den unteren Rücken nicht durchhängen lassen.

Die Core-Muskeln anspannen und einen Liegestütz machen.

Mit den Füßen zu den Händen zurückspringen, das Gewicht auf die Fersen verlagern und die Brust heben.

STEIGERUNG
Machen Sie anstelle des normalen Liegestützes einen Trizeps-Liegestütz, bei dem Sie die Ellbogen nah am Brustkorb halten.

Aus der Hockstellung hochspringen und die Arme über den Kopf strecken.

Mit leicht gebeugten Knien, Hüft- und Fußgelenken weich aufkommen.

LANGLAUFSPRUNG

Die Übung trainiert alle großen Muskelgruppen und steigert die Leistungsfähigkeit des Herz-Kreislauf-Systems. Durch das Öffnen der Arme zur Seite ist der Sprung eine multiplanare Bewegung, die Schultern, Rücken, Beine und Po beansprucht.

TRAINERTIPP
Bleiben Sie möglichst durchgehend in sprungbereiter Haltung, mit dem Gewicht auf den Fußballen und leicht gebeugten Knien.

1 Stehen Sie aufrecht. Den rechten Fuß 60 bis 90 cm vor den linken stellen und die Arme vor dem Körper strecken. Die Knie leicht beugen, den Core-Bereich aktivieren und den Oberkörper leicht vorbeugen.

2 Springen und die Füße wechseln, dabei in der Luft die Arme öffnen und die Schulterblätter zusammendrücken. Weich aufkommen, mit dem linken Fuß vor dem rechten.

BERGSTEIGER

Während die Core-Muskulatur Stabilisierungsarbeit leisten muss, treiben die explosiven Sprünge den Puls hoch. Wechseln Sie die Füße zügig und kraftvoll, um einen maximalen Energieverbrauch zu erreichen.

STEIGERUNG
Setzen Sie Ihre Hände auf einer kleinen Stufe, einer Bank oder einem Gymnastikball ab, um die Schwierigkeit der Übung zu steigern.

CARDIO-ÜBUNGEN

Setzen Sie Ihre Hände etwas mehr als schulterbreit auf dem Boden auf. Auf die Zehen stellen und den Core-Bereich aktivieren, sodass Ihr Körper vom Kopf bis zu den Zehen eine gerade Linie bildet.

Das linke Knie beugen und Richtung Brust ziehen, dabei die Core-Muskeln anspannen.

Das linke Knie strecken, die Zehen aufsetzen und gleichzeitig das rechte Knie Richtung Brust ziehen. Führen Sie das Knie möglichst bis auf Höhe der Arme, damit die Core-Muskeln maximal gefordert werden. In kontrolliertem Tempo wiederholen.

BURPEE MIT BEINHEBEN

Bei dieser Burpee-Variante steigert zusätzliches Beinheben im Wechsel die Schwierigkeit der Übung. Führen Sie die Bewegung möglichst schnell aus, achten Sie jedoch auf die korrekte Form.

1 Stehen Sie aufrecht mit hüftbreit geöffneten Füßen. Die Knie beugen und die Hände direkt vor den Füßen auf dem Boden aufsetzen.

2 Mit beiden Füßen nach hinten in die Bretthaltung springen.

3 Einen Liegestütz machen. Beim Beugen der Arme das rechte Bein auf Hüfthöhe heben. Dabei unbedingt ein Hohlkreuz vermeiden.

4 In die Bretthaltung zurückkehren und einen zweiten Liegestütz machen. Beim Beugen der Arme diesmal das linke Bein auf Hüfthöhe heben.

CARDIO-ÜBUNGEN

Mit den Füßen wieder zu den Händen springen, das Gewicht auf die Fersen verlagern und die Brust heben.

Aus der Hocke hochspringen und die Hände über den Kopf strecken. Mit leicht gebeugten Knien, Hüfte und Fußgelenken weich aufkommen.

STEIGERUNG
Machen Sie Trizeps-Liegestütze, bei denen Sie die Ellbogen nah am Brustkorb halten.

135

GRASHÜPFER

Die kräftigen Sprungbeine des Grashüpfers haben diese Übung inspiriert. Die Bewegung verbrennt Fett und festigt Oberschenkel, Core-Muskulatur und Schultern. Zugleich verbessert sie die Hüftbeweglichkeit und steigert das sportliche Leistungsvermögen.

1

Sie beginnen in einer abgewandelten Bretthaltung. Den rechten Fuß nach vorn holen und außen neben die rechte Hand stellen, sodass das Knie 90 Grad angewinkelt ist. Den Körper vom Kopf bis zum linken Fuß in einer geraden Linie halten.

2

Springen und die Beine wechseln.

3

Wenn Sie aufkommen, soll der linke Fuß außen neben der linken Hand stehen. In kontrolliertem Tempo wiederholen.

CARDIO-ÜBUNGEN

SPRINT

Sprinten ist eine einfache und effektive Methode, den Puls hochzutreiben und Fett zu verbrennen. Die Übung mit hoher Belastungsinstensität kann auf der Stelle oder, wenn Platz ist, über eine kurze Distanz ausgeführt werden.

Stehen Sie aufrecht. Füße schulterbreit öffnen, Körper leicht vorbeugen, Core-Bereich aktivieren. Rechtes Knie Richtung Brust ziehen, der linke Arm schwingt nach vorn.

Mit Absetzen des rechten Beins linkes Knie Richtung Brust ziehen und den rechten Arm nach vorn schwingen. Kontrolliert wiederholen.

JUMPING JACK II

Die Jumping-Jack-Variante erfordert Koordination und Aufrechterhaltung des Gleichgewichts und einer stabilen Haltung. Sie erhöht den Puls, treibt den Stoffwechsel an und bringt Schultern, Oberschenkelvorder- und rückseite sowie den Po in Form.

Füße mehr als schulterbreit öffnen, die Arme hängen seitlich am Körper. Knie leicht beugen, Core-Bereich aktivieren.

Springen, dabei den rechten Fuß vor dem linken kreuzen und den rechten Arm über den Kopf heben.

Springen, dabei den linken Fuß vor dem rechten kreuzen und den linken Arm über den Kopf heben.

CARDIO-ÜBUNGEN

KNIEHEBEN

Eine ausgezeichnete Übung für Läufer und Leichtathleten, die ihre Körperhaltung beim Laufen und ihre Trittgeschwindigkeit verbessern möchten. Die dynamische Laufbewegung fördert die Leistungsfähigkeit des Herz-Kreislauf-Systems und kräftigt die Hüftbeuger.

Stehen Sie aufrecht, die Füße sind hüftbreit geöffnet. Das rechte Knie zur Brust ziehen und danach das Bein schnell wieder auf dem Boden absetzen.

Sofort im Anschluss das linke Knie an die Brust ziehen. Die Knie so schnell wie möglich wechseln und mindestens auf Bauchnabelhöhe heben.

MUMIE

Die Mumie ist eine einfache, aber hochwirksame Übung, um den Stoffwechsel anzutreiben und gleichzeitig die Schultern in Form zu bringen. Führen Sie die Bewegung möglichst schnell aus, dann ist die Übung am effektivsten.

Stehen Sie aufrecht, die linke Ferse ist leicht vor dem rechten Fuß aufgesetzt. Die Arme vor der Brust strecken und den linken Arm über den rechten kreuzen. Das Kinn anheben und den Core-Bereich aktivieren.

Springen und dabei die Position der Arme und der Füße wechseln, sodass beim Aufkommen die rechte Ferse vor dem linken Fuß steht und der rechte Arm über den linken gekreuzt ist. Schnell, aber kontrolliert wiederholen.

SIDESTEPS & HOCKE

Die Ganzkörperübung treibt nicht nur den Puls in die Höhe, sondern verbessert Schnelligkeit und Koordination. Die Seitwärtsbewegungen trainieren die Oberschenkelinnen- und -außenseiten. Die koordinierte Ober- und Unterkörperbewegung bei der Hocke verbessert die athletische Leistung. Bewegen Sie sich so schnell wie möglich, aber achten Sie auf die korrekten Haltung.

1 Mit Hüfte und Knien in eine Mini-Kniebeuge gehen. Leicht vorbeugen, aber den Rücken gerade halten. Das ist die Ausgangsstellung.

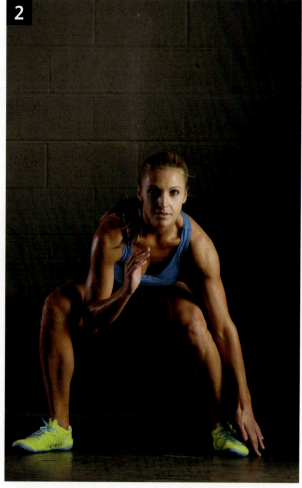

2 Zwei Seitschritte nach links machen. Hüfte, Knie und Fußgelenke beugen. Mit den Fingerspitzen der linken Hand den Boden kurz berühren.

VORSICHT

Gehen Sie mit dem Körper senkrecht nach unten, um den Boden zu berühren. Beugen Sie sich nicht über die Hüfte und nicht zu weit nach außen, sondern berühren Sie den Boden direkt neben dem Fuß. Sie vermeiden so eine Überbeanspruchung des Fußgelenks.

CARDIO-ÜBUNGEN

3 In die Ausgangsstellung zurückkehren und zwei Seitschritte nach rechts machen.

4 In die tiefe Hocke gehen und mit den Fingerspitzen der rechten Hand den Boden kurz berühren. Im Seitenwechsel wiederholen.

JUMPING JACK III

Bei dieser Jumping-Jack-Variante werden die Arme geöffnet und geschlossen, um die Rückenmuskulatur stärker zu aktivieren. Nehmen Sie sie in Ihr Trainingsprogramm auf, wenn Sie Rücken und Schultern in Form bringen möchten.

1 Stehen Sie aufrecht. Die Füße schließen, die Arme vor der Brust strecken und die Handflächen aneinanderlegen. Die Knie leicht beugen und das Gewicht auf die Fußballen verlagern.

2 Springen, dabei die Füße mehr als schulterbreit öffnen und die Arme möglichst weit öffnen. Die Muskeln zwischen den Schulterblättern zusammenziehen. Mit einem erneuten Sprung die Füße schließen und in die Hände klatschen. Wiederholen.

SLALOMSPRUNG

Die Übung ist vom Abfahrtslauf inspiriert. Die Sprünge zielen insbesondere auf die unteren und die schrägen Bauchmuskeln, aktivieren aber auch Schultern, Brust, Hüfte und Oberschenkel. Die gleichzeitige Beanspruchung all dieser Muskeln treibt den Puls in die Höhe und den Körperfettanteil in den Keller.

Beginnen Sie im Vierfüßlerstand. Die Arme sind gerade, die Beine geschlossen. Die Knie anheben, sodass Ober- und Unterschenkel einen rechten Winkel bilden, und das Körpergewicht gleichmäßig auf Hände und Fußballen verteilt ist. Die Schienbeine sollten parallel zum Boden sein.

Die Arme gerade und die Knie geschlossen halten, nach links springen und Füße und Knie möglichst weit nach links drehen. Die Knie sollten rechtwinklig zum Körper und die Hüfte in einer Linie mit den Schultern sein.

Zur anderen Seite springen und Füße und Knie drehen, dabei die Arme gerade und die Knie geschlossen halten. So schnell wie möglich wiederholen und dabei immer auf eine korrekte Haltung achten.

POWER-KNIE

Die explosive Bewegung treibt den Puls garantiert in die Höhe und lässt Bauchmuskeln, Hüftbeuger und Oberschenkel »aufschreien«. Führen Sie sie möglichst schnell aus, achten Sie aber auf die korrekte Haltung, und führen Sie mit jedem Bein die gleiche Anzahl Wiederholungen aus.

VORSICHT

Halten Sie Ihren Kopf oben. Rotieren Sie mit dem Oberkörper und bringen Sie das Knie quer vor dem Körper zur Brust. Achten Sie darauf, das Kinn nicht zu senken und den Rücken nicht zu krümmen.

1 Stehen Sie aufrecht. Die Füße etwas mehr als schulterbreit öffnen, die Arme über den Kopf strecken und die Finger ineinander verschränken. Den Körper um 45 Grad nach rechts drehen und dabei die linke Ferse anheben.

2 Das linke Knie in einer explosiven Bewegung zur Brust und in Richtung der rechten Schulter heben. Gleichzeitig die Arme nach unten ziehen. In die Ausgangsposition zurückkehren und wiederholen.

STERN

Wer möchte nicht strahlen wie ein Stern? Die plyometrische Kraftübung, bei der Hocksprung und Jumping Jack aufeinandertreffen, katapultiert Sie in den Himmel.

Stehen Sie aufrecht. Die Füße schulterbreit öffnen, die Zehen zeigen nach vorn. Das Körpergewicht auf die Fersen verlagern, einatmen und die Knie beugen. Beim Senken des Körpers die Arme locker auf die Schienbeine legen.

Die Core-Muskeln aktivieren und ausatmen, hochspringen und sich kräftig abdrücken, damit Sie in der Luft »explodieren«. Arme und Beine so weit wie möglich öffnen und einen »Stern« bilden. Den ganzen Körper strecken, während Sie Arme und Beine lang machen.

Möglichst weich und geräuschlos aufkommen. Dazu Hüfte, Knie und Fußgelenke leicht beugen, um den Körper abzubremsen.

CARDIO-ÜBUNGEN

07
OBERKÖRPER-ÜBUNGEN

LIEGESTÜTZ I

Der Liegestütz ist eine komplexe Übung: Zusätzlich zu den Muskeln in Brust, Rücken, Schultern, Armen und Bauch werden die Beinmuskeln aktiviert. Bei richtiger Ausführung kräftigt er Oberkörper und Core-Bereich. Achten Sie auf die korrekte Haltung.

Nehmen Sie die Bretthaltung ein. Das Körpergewicht ist gleichmäßig auf Zehenspitzen und Hände verteilt und der Körper bildet vom Kopf bis zu den Fußgelenken eine gerade Linie. Core-Bereich aktivieren.

Die Ellbogen beugen und die Brust zum Boden senken. Wenn die Ellbogen etwas mehr als 90 Grad angewinkelt sind, den Oberkörper über die Hände wieder nach oben drücken, die Arme strecken und in die Ausgangsposition zurückkehren.

TRAINERTIPP

Wenn ein ganzer Liegestütz zu schwierig ist, können Sie die Knie aufsetzen. Das bedeutet weniger Belastung und mehr Stabilität.

OBERKÖRPER-ÜBUNGEN

STEIGERUNGEN

Es gibt viele Liegestütz-Varianten. Indem Sie die Position der Hände verändern, trainieren Sie unterschiedliche Muskelgruppen und steigern die Schwierigkeit.

Trizeps

Hände unters Herz

Versetzt

151

LIEGESTÜTZ II

Diese Übung ist unverzichtbar, wenn es um die stabilisierenden Core-Muskeln geht. Durch die Verlagerung des Körpergewichts beim Überkreuz-Setzen der Hände werden alle Muskeln aktiviert, die die Wirbelsäule stabilisieren (schräge und querer Bauchmuskel sowie die Rückenstrecker). Das kräftigt und festigt den Bauch.

Gehen Sie in die Bretthaltung. Die Hände stehen etwas mehr als schulterbreit auseinander und der Körper bildet vom Kopf bis zu den Fußgelenken eine gerade Linie. Core-Bereich aktivieren.

Die Ellbogen beugen und die Brust zu Boden senken. Wenn die Ellbogen etwas mehr als 90 Grad angewinkelt sind, den Körper über die Handflächen nach oben drücken und die Arme strecken.

3

Die rechte Hand vor dem Körper nach links kreuzen und außen neben der linken Hand aufsetzen. Die rechte Hand in die Ausgangsposition zurückbringen. Wiederholen und dabei den anderen Arm vor dem Körper kreuzen.

OBERKÖRPER-ÜBUNGEN

TRAINERTIPP
Wenn ein ganzer Liegestütz zu schwierig ist, können Sie die Knie aufsetzen. Das bedeutet weniger Belastung und mehr Stabilität.

153

TIGER-LIEGESTÜTZ

Der Tiger-Liegestütz ist eine der wohltuendsten und komplexesten Körpergewichtsübungen überhaupt. Die effiziente funktionelle Bewegung aktiviert Schultern, Rücken, Hüfte, Beine und insbesondere den Core-Bereich. Konzentrieren Sie sich auf langsame, kontrollierte Bewegungen, wenn Sie diese Übung ausführen.

Beginnen Sie in der Standard-Liegestützposition, mit hüftbreit geöffneten Füßen und den Händen unter den Schultern.

Die Hüfte anheben, bis der Körper ein umgekehrtes V bildet. Wirbelsäule lang machen, Gewicht in Richtung Oberschenkelrückseite und Core-Bereich schieben. Kopf unten halten.

Mit einer geführten Bewegung die Körpermitte senken, sodass sich die Hüfte dem Boden nähert, während Kopf und Brust sich heben. (Denken Sie sich dazu einen Golfball, der zwischen Ihren Händen liegt und den Sie mit der Nasenspitze nach vorn rollen wollen.)

OBERKÖRPER-ÜBUNGEN

4 Am Endpunkt der Bewegung den Körper langsam nach vorn oben strecken, sodass sich der Rücken biegt und der Blick nach oben geht.

5 Halten Sie die Hüfte gerade, heben Sie sie an und bringen Sie sie zurück in die Ausgangsposition.

6 Zurück in der V-Position die Wirbelsäule lang machen, als würde jemand Ihre Hüfte nach hinten ziehen. Sie werden eine Dehnung in den Oberschenkelrückseiten spüren.

1-2-STÜTZ

Der 1-2-Stütz ist eine Ganzkörperübung, die das Herz-Kreislauf-System antreibt, während sie Core-Muskeln, Arme und Beine trainiert. Führen Sie die Bewegungsfolge aus, so schnell Sie können, aber denken Sie daran: Das Wichtigste ist die korrekte Form.

1 Beginnen Sie in der Standard-Liegestützposition mit etwas mehr als schulterbreit geöffneten Händen. Auf die Zehen stellen. Der Körper bildet vom Kopf bis zu den Fußgelenken eine gerade Linie. Core-Bereich aktivieren.

2 Die Ellbogen beugen und die Brust zum Boden senken. Wenn die Ellbogen etwas mehr als 90 Grad angewinkelt sind, den Oberkörper über die Hände wieder nach oben drücken und die Arme strecken.

3 Wenn die Arme vollständig gestreckt sind, das rechte Knie zur Brust ziehen. Die Hüften nicht heben. Stellen Sie sich vor, das Knie zwischen die Ellbogen zu ziehen.

4 Schnell die Beine wechseln und das linke Knie zur Brust ziehen. In die Ausgangsposition zurückkehren und wiederholen.

TRIZEPS-DIP

Die isolierende Übung kräftigt und definiert den Trizeps. Das ist der Muskel auf der Unterseite der Arme zwischen Ellbogen und Schulter. Wenn Sie etwas gegen schlaffe Oberarme unternehmen wollen, sind Sie hier richtig.

Setzen Sie sich auf den Boden, die Füße sind aufgestellt und die Knie leicht gebeugt. Leicht nach hinten lehnen und die Hände hinter den Hüftgelenken so aufsetzen, dass die Finger in Richtung Fersen zeigen. Die Hüfte anspannen, indem Sie die Core-Muskeln, die hintere Oberschenkelmuskulatur und die Gesäßmuskeln aktivieren.

STEIGERUNG
Sie können die Hüfte noch tiefer absenken, wenn Sie die Hände auf einer stabilen Erhöhung, z. B. einer Bank, aufsetzen.

Die Ellbogen beugen und die Hüfte bis knapp über dem Boden absenken. Die Ellbogen nicht nach außen ausweichen lassen. Stellen Sie sich vor, Sie drücken die Ellbogen zusammen, während Sie die Hüfte absenken. Arme strecken und die Hüfte wieder in die Ausgangsposition bringen.

KRABBE

Die Krabbe baut auf dem Trizeps-Dip auf, wobei die Belastung des Core-Bereichs mit einer koordinierten Arm- und Beinbewegung erhöht wird. Achten Sie auf eine korrekte Haltung. Körperbeherrschung ist Voraussetzung für eine erfolgreiche Ausführung der Übung.

1

Setzen Sie sich auf den Boden. Die Füße aufstellen, den Oberkörper leicht nach hinten lehnen und die Hände direkt hinter den Hüftgelenken so aufsetzen, dass die Finger Richtung Fersen zeigen. Die Hüften anheben und das Körpergewicht gleichmäßig auf Hände und Füße verteilen. Die Hüften oben halten und die Gesäßmuskeln anspannen.

Die Ellbogen beugen und die Hüfte bis knapp über dem Boden absenken.

Über die Handflächen nach oben drücken, die Arme strecken und die Hüfte anheben. Den linken Arm und das rechte Bein hochstrecken und versuchen, die Zehen zu berühren. In die Ausgangsposition zurückkehren und auf der andere Seite wiederholen.

OBERKÖRPER-ÜBUNGEN

STRECKEN

Das Strecken ist eine komplexe Übung, die auf die Problemzonen am Körper zielt und gleichzeitig das Gleichgewicht schult. Achten Sie auf die korrekte Haltung.

Setzen Sie sich auf den Boden. Die Füße flach aufstellen, den Rücken leicht nach hinten neigen und die Hände neben den Hüftgelenken so aufsetzen, dass die Finger Richtung Fersen zeigen. Den Po anheben und das Körpergewicht gleichmäßig auf Hände und Füße verteilen. Die Hüfte angehoben lassen.

Das linke Bein hinter das rechte führen und gleichzeitig die rechte Hand vom Boden lösen und den Arm in die Diagonale schieben. Arm und Bein so lang wie möglich machen und vom unteren Ende des Brustkorbs wegziehen. Eine Sekunde lang halten.

In die Ausgangsposition zurückkehren und den linken Fuß und die rechte Hand wieder auf den Boden setzen.

Das rechte Bein hinter das linke führen und die linke Hand vom Boden heben. Das rechte Bein und den linken Arm so lang wie möglich machen und eine Sekunde halten. In die Ausgangsposition zurückkehren und im Seitenwechsel wiederholen. Die Hüfte bleibt durchgehend angehoben und die Core- und Gesäßmuskeln bleiben aktiviert.

BALLENPRESSE

Die Ballenpresse kombiniert isometrisches Halten und eine Beinpresse, bei der Quadrizeps, hintere Oberschenkelmuskulatur, Waden und Po auf Hochtouren kommen. Schultern, Rücken und Arme werden modelliert. Führen Sie die Bewegungen schnell und explosiv aus und achten Sie auf die korrekte Form.

Den Körper nach vorn fallen lassen, mit den Händen auffangen und in einen Mini-Liegestütz gehen.

Stehen Sie aufrecht, die Füße hüftbreit geöffnet. Auf die Fußballen stellen und durch Beugen von Hüfte und Knien in die Hocke gehen. Die Hände mit gebeugten Armen vor dem Körper halten.

In einer explosiven Bewegung mit den Händen abdrücken, die Arme strecken und den Körper zurück auf die Fußballen katapultieren. Immer im Ballenstand bleiben.

SPHINX

Die nach der ägyptischen Statue benannte Übung ist eine Kombination aus Unterarmstütz und Liegestütz und trainiert Brust, Trizeps, Rücken, Core-Bereich und Hüfte. Die Core-Muskeln müssen durchgehend aktiviert sein, um den Körper stabil zu halten und den unteren Rücken zu schützen.

TRAINERTIPP

Wenn Sie die Arme nicht gleichzeitig strecken können, tun Sie es zunächst nacheinander: rechts auf, links auf, rechts ab, links ab. Beginnen Sie jede Wiederholung mit dem jeweils anderen Arm.

Beginnen Sie im Unterarmstütz. Ihr Körpergewicht sollte gleichmäßig auf Unterarme und Zehen verteilt sein. Die Handflächen liegen flach auf dem Boden. Den Core-Bereich aktivieren und den Körper in einer geraden Linie halten.

Die Handflächen nach unten drücken und den Körper anheben, bis die Arme gestreckt sind. Langsam wieder in den Unterarmstütz absenken und wiederholen.

SPIDERMAN

Diese Liegestütz-Variante ist von dem gleichnamigen flinken Superhelden inspiriert. Sie verbessert Beweglichkeit und Biegsamkeit der Hüfte und kräftigt den Core-Bereich.

1 Nehmen Sie die Standard-Liegestützposition ein. Die Hände stehen etwas mehr als schulterbreit, die Arme sind gestreckt, der Körper bildet vom Kopf bis zu den Zehen eine gerade Linie und das Gewicht ist gleichmäßig auf Arme und Zehen verteilt.

2 Die Arme beugen, die Brust senken und den rechten Fuß anheben. Das Bein auf der Seite anziehen und das Knie über den Ellbogen zur rechten Schulter bringen.

Den rechten Fuß wieder auf dem Boden absetzen und den Körper in die Ausgangsposition bringen. Mit dem anderen Bein wiederholen.

JUMPING JACK IV

Diese Variante des klassischen Jumping Jack zielt auf den *Latissimus dorsi*, den Großen Rückenmuskel. Achten Sie darauf, ihn durchgehend zu aktivieren, und treiben Sie Ihren Puls mit explosiven Sprüngen in die Höhe.

Stehen Sie aufrecht. Die Füße schließen, die Arme beugen und die Ellbogen seitlich am Körper halten. Die Hände zu Fäusten ballen. Konzentrieren Sie sich darauf, den Großen Rückenmuskel zu aktivieren. Den Core-Bereich anspannen und die Knie lockern.

Springen, dabei die Füße mehr als schulterbreit öffnen und gleichzeitig mit den Fäusten Richtung Decke boxen. Erneut springen, dabei die Füße schließen und die Ellbogen an die Seiten heranziehen. Ziehen Sie dazu bewusst den Großen Rückenmuskel zusammen. Wiederholen.

CORE-ÜBUNGEN

08

BRETT

Die täuschend einfache Übung ist das Geheimnis steinharter Bauchmuskeln. Die Bretthaltung aktiviert den queren Bauchmuskel, der die Wirbelsäule in einer stabilen Position hält und beim Baucheinziehen beansprucht wird, und kräftigt Core-Bereich, Schultern und Gesäß.

STEIGERUNGEN

Diese Varianten erhöhen die Schwierigkeit der Übung:

Ein Bein heben: Ein Bein anheben und hochstrecken. Die Hüfte parallel zum Boden halten, nicht drehen.

Einen Arm heben: Einen Arm gerade vor dem Körper strecken.

Mit Gymnastikball: Unterarme auf den Ball legen, die Zehen bleiben auf dem Boden.

Legen Sie die Unterarme auf den Boden und strecken Sie den Körper, bis das Gewicht gleichmäßig auf Zehen und Unterarme verteilt ist. Die Ellbogen befinden sich unter den Schultern, der Körper bildet vom Kopf bis zu den Fersen eine gerade Linie. Der Blick ist auf die Hände gerichtet.

SEITBEUGE

Die Seitbeuge festigt und strafft die inneren und äußeren schrägen Bauchmuskeln, die die gerade Bauchmuskulatur einrahmen. Das Ergebnis ist eine schlanke Taille.

TRAINERTIPP

Während Sie diese Übung durchführen, sollten Sie Ihre Arme nicht sehen können, auch nicht aus dem Augenwinkel. Ist das der Fall, ist die Wahrscheinlichkeit groß, dass Sie den Oberkörper drehen und nicht, wie vorgesehen, beugen.

Legen Sie sich auf den Rücken. Die Knie beugen und die Füße aufstellen. Die Hände mit ineinander verschränkten Fingern an den Hinterkopf legen. Sie stützen locker den Nacken. Die Ellbogen sind weit geöffnet.

Ausatmen und den rechten Ellbogen zur rechten Hüfte ziehen. So stark wie möglich beugen.

Einatmen und langsam in die Ausgangsposition zurückkehren. Zur anderen Seite beugen.

CORE-ÜBUNGEN

RADFAHR-CRUNCH

Der Radfahr-Crunch ist eine ausgezeichnete Übung zur Kräftigung des Core-Bereichs und Straffung der Oberschenkel. Die Beine führen eine ähnliche Bewegung wie beim Radfahren aus.

STEIGERUNG
Heben Sie die Füße an, um den Schwierigkeitsgrad zu erhöhen. Noch schwieriger wird es, wenn Sie die gestreckten Beine angehoben halten.

Legen Sie sich flach auf den Boden. Die Hände mit ineinander verschränkten Fingern an den Hinterkopf legen und die Ellbogen weit öffnen. Die Schulterblätter vom Boden heben, indem Sie die Bauchmuskeln aktivieren. Nicht mit dem Nacken ziehen.

Das rechte Knie zur Brust ziehen, bis es um 90 Grad angewinkelt ist. Gleichzeitig die Körpermitte drehen und die linke Schulter zum rechten Knie führen.

Die Seiten wechseln: Das rechte Knie strecken und gleichzeitig das linke Knie zur Brust ziehen. Die Körpermitte drehen und die rechte Schulter zum linken Knie führen. Im Seitenwechsel wiederholen.

RUSSISCHE DREHUNG

Die klassische Bauchmuskelübung zielt auf die schrägen Bauchmuskeln, aber die Rückenmuskeln sind ebenfalls beteiligt. Sie stabilisieren und stützen die Wirbelsäule.

> **VORSICHT**
> Bei Schmerzen oder einer Verletzung im unteren Rücken ist diese Übung ungeeignet. Trainieren Sie stattdessen Radfahr-Crunches.

1 Setzen Sie sich auf den Boden. Die Füße etwa 30 cm vor den Knien aufsetzen, Fersen fest in den Boden drücken. Die Knie umfassen, die Arme strecken und mit geradem Rücken zurücklehnen.

2 Die Arme heben und vor den Brustkorb nehmen. Sie sollten leicht gebeugt sein, etwa so, als würden Sie einen Wasserball vor der Brust halten.

3 Den Bauchnabel Richtung Wirbelsäule ziehen und den Oberkörper nach links drehen. Das ist eine kleine, kontrollierte Bewegung. Die Arme nicht schwingen, zur Entlastung des unteren Rückens ggf. weniger weit drehen.

4 Einatmen, zur Mitte zurückkehren und nach rechts drehen. Wiederholen. Die ganze Übung hindurch die Bauchmuskeln aktiviert und die Wirbelsäule gerade halten.

BEINHEBEN

Das Beinheben ist die eine Bauchmuskelübung, auf die wir im Studio immer wieder zurückgreifen. Es ist ein einfaches, aber hocheffektives Training der tiefen Bauchmuskeln und der Hüftbeuger.

VORSICHT
Wenn der untere Rücken beim Senken der Beine ins Hohlkreuz geht, sind die Beine zu tief. Die Core-Muskeln können das Gewicht und den langen Hebel nicht mehr halten. Passen Sie den Winkel an, damit Bauchmuskeln und Hüftbeuger die Arbeit übernehmen können.

Legen Sie sich auf den Rücken. Die Hände mit den Handflächen nach unten unter den Po legen. Die Beine zusammenpressen und langsam heben, bis sie senkrecht zum Boden stehen und so gerade wie möglich sind. Die Position eine Sekunde lang halten.

Die Beine gestreckt halten und die Füße bis 2,5 cm über dem Boden senken.

BRETT & SPRUNG

Die Übung ist eine Kombination aus Bretthaltung mit Aktivierung des Core-Bereichs und dynamischem Sprung in den Vierfüßlerstand mit angehobenen Knien, einem Training für Oberschenkel und Hüfte, das die stabilisierenden Muskeln aktiviert.

Platzieren Sie die Hände etwas mehr als schulterbreit geöffnet unter den Schultern. Auf die Zehen kommen und die Core-Muskeln aktivieren, damit der Körper vom Kopf bis zu den Fersen eine gerade Linie bildet. Die Gesäßmuskeln zusammenpressen, um den unteren Rücken zu unterstützen.

Nach vorn springen, dabei die Knie unter dem Körper 90 Grad anwinkeln und auf den Zehenspitzen aufkommen. Die Knie nur bis unter die Hüfte nach vorn bringen.

Zurück in die Ausgangsposition springen, dabei zur Stabilisierung den Core-Bereich aktivieren.

RUDER-CRUNCH

Fordern Sie Ihr Gleichgewicht heraus und heizen Sie Hüftbeugern, Bauchmuskeln und Oberschenkeln mit dieser dynamischen Übung ein, bei der das Rudern Pate gestanden hat.

Setzen Sie sich auf den Boden. Die Füße flach aufstellen und den Oberkörper leicht zurücklehnen. Die Hände direkt unterhalb der Knie auf die Schienbeine legen.

Die Füße anheben und durch Anspannen der Core-Muskeln ins Gleichgewicht kommen. Dann die Arme vor dem Körper strecken. Den Bauchnabel Richtung Wirbelsäule ziehen, die Wirbelsäule gerade halten.

In einer Ruderbewegung die Ellbogen nach hinten ziehen und gleichzeitig die Beine strecken. Schulterblätter und Oberschenkelinnenseiten zusammendrücken.

In die Ausgangsposition zurückkehren: Die Beine an den Körper ziehen und die Arme nach vorn strecken. Die Übung wiederholen, ohne die Füße auf dem Boden abzusetzen.

SEITLICHES BRETT

Das seitliche Brett modelliert die Taille und reduziert ihren Umfang, indem es die tiefer liegenden Bauchmuskeln (die schrägen und den queren) trainiert.

Legen Sie sich auf die Seite. Die Beine strecken und den Unterarm auf dem Boden aufstützen. Der andere Arm liegt auf der Hüfte oder hinten am Kopf.

Die Hüften anheben und mit dem Körper vom Kopf bis zu den Fersen eine gerade Linie bilden. Halten.

STEIGERUNG

Steigern Sie die Schwierigkeit, indem Sie die Hüfte heben und senken oder mit folgenden Varianten.

Den Arm über den Kopf heben: Die Verlängerung der Längsachse ist eine zusätzliche Herausforderung für die stabilisierenden Muskeln.

Das obere Bein heben: Diese Variante erhöht die Belastung sowohl der Körpermitte als auch des stabilisierenden unteren Beins und trainiert Kraft und Gleichgewicht.

BRETT & BOXSCHLAG

Das Brett ist eine hochwirksame Übung für den Core-Bereich, die auch die Stabilität der Schultern erhöht. Durch Hinzunahme einer kontrollierten Boxbewegung verbessern Sie die Core-Stabilität, da sich die Körpermitte der Drehung von Hüften und Schultern widersetzen muss.

1 Stützen Sie sich mit den Unterarmen auf dem Boden ab und strecken Sie die Beine, bis sich Ihr Körpergewicht gleichmäßig auf Zehen und Unterarme verteilt. Die Ellbogen sind unter den Schultern und der Körper bildet vom Kopf bis zu den Fersen eine gerade Linie.

2 Einen Arm heben und gerade nach vorn boxen. Den Arm strecken und die Boxbewegung in Schulterhöhe, parallel zum Boden ausführen. In die Ausgangsposition zurückkehren und mit dem anderen Arm wiederholen.

BRETT & DREHUNG

Das Brett mit Drehung ist eine anspruchsvolle Alternative zum Seitlichen Brett. Das Drehen in verschiedene Richtungen fordert Gleichgewicht und Koordination und bringt schräge Bauchmuskeln, Hüfte, Oberschenkel und Schultern in Form.

1

Sie beginnen in der Bretthaltung. Die Handgelenke stehen unter den Schultern, die Core-Muskeln sind aktiviert und die Beine gestreckt.

2

Den linken Arm Richtung Decke heben und dabei den Körper langsam nach links drehen. Vom unteren Ende des Brustkorbs aus anheben und die Brust öffnen. In die Ausgangsposition zurückkehren und auf der anderen Seite wiederholen.

AUF, AUF, AB, AB

Dieser Crunch führt den geraden Bauchmuskel (*Musculus rectus abdominis*) durch drei Arten der Muskelkontraktion: die isometrische beim Halten der Position, die konzentrische beim Aufrichten und die exzentrische beim Absenken. Auf diese Weise wird Core-Bereich gestrafft, gekräftigt und modelliert.

1

Legen Sie sich auf den Rücken. Die Beine beugen und die Füße flach aufstellen. Die Arme seitlich neben dem Körper strecken.

> **TRAINERTIPP**
> Die Übung langsam durchführen. Je länger Sie die Muskelkontraktion zwischen Heben und Senken des Körpers halten, desto besser.

Ausatmen und die Brust so heben, dass sich nur die Schulterblätter vom Boden lösen. Konzentrieren Sie sich darauf, die oberen Bauchmuskeln zu aktivieren. Halten.

Weiter ausatmen und den Körper weiter heben, dabei den Bauchnabel Richtung Wirbelsäule ziehen. Visualisieren Sie, wie Sie die restlichen Bauchmuskeln aktivieren. Die Fingerspitzen nah an den Knien vorbeiführen. Halten.

Einatmen und langsam abrollen. Halten, wenn sich die Schulterblätter knapp über dem Boden befinden.

In die Ausgangsposition zurückkehren und den Oberkörper ganz ablegen. Kontrolliert wiederholen und die Haltephasen verlängern.

BEINPENDEL

Beinheben ist ein einfaches, aber höchst effizientes Training für die unteren Bauchmuskeln und die Hüftbeuger. Das seitliche Absenken beim Beinpendel bringt die schrägen Bauchmuskeln ins Spiel.

Legen Sie sich auf den Rücken, mit den Händen unter dem Po, die Handflächen zeigen nach unten. Die Beine in die Senkrechte heben und dabei möglichst gerade halten und zusammenpressen.

Die Beine nach links absenken, bis sie knapp über dem Boden sind. Halten. Anschließend in die Ausgangsposition zurückkehren.

Die Füße nach rechts absenken, bis sie knapp über dem Boden sind. Halten. Anschließend in die Ausgangsposition zurückkehren. Wiederholen.

V-SITUP

Der V-Situp heißt nach der Form, die der Körper bei der Übung einnimmt. Das Bauchmuskeltraining für Fortgeschrittene aktiviert den geraden Bauchmuskel, die Rückenstrecker entlang der Wirbelsäule und die Hüftbeuger. V-Situps setzen gute Koordination und Gleichgewicht voraus.

1 Legen Sie sich auf den Rücken, Arme und Beine sind gestreckt. Die Arme über den Kopf strecken. Das Becken flach auf den Boden legen, dabei die natürliche Krümmung im unteren Rücken beibehalten.

2 In einer fließenden Bewegung gleichzeitig Oberkörper und Beine heben. Die Arme parallel zu den Beinen und den Kopf in einer Linie mit dem Oberkörper halten. Kontrolliert in die Ausgangsposition zurückkehren. Wiederholen.

STRECKEN ÜBER KREUZ

Das Strecken über Kreuz fordert Gleichgewicht und Koordination heraus, während es die Bauchmuskeln, den Rücken, die Oberschenkel und die Hüftbeuger trainiert.

1

Legen Sie sich auf den Rücken. Die Beine sind gerade, das Becken flach, die Arme über den Kopf gestreckt. Auf die natürliche Krümmung im unteren Rücken achten.

2

In einer fließenden Bewegung den Oberkörper aufrichten, das gestreckte linke Bein anheben und gleichzeitig die rechte Hand mit gestrecktem Arm vor dem Körper zu den Zehen des linken Fußes führen. Der unteren Rücken bleibt gerade.

VORSICHT
Die Übung ist für Fortgeschrittene und beansprucht den unteren Rücken stark. Bei Schmerzen oder Verletzungen stattdessen Radfahr-Crunches durchführen.

3 Mit einer Scherenbewegung Beine und Arme wechseln und die linke Hand zur Spitze des rechten Fußes führen. Den Oberkörper gestreckt halten.

4 Langsam Beine, Arme und Rücken in die Ausgangsposition zurückbringen. Wiederholen und diesmal zuerst die linke Hand mit der rechten Fußspitze zusammenführen.

BEINHEBEN MIT GRÄTSCHE

Beinheben mit Grätsche ist eine Herausforderung für die stabilisierende Core-Muskulatur. Das geführte Öffnen und Schließen der senkrecht gestreckten Beine bringt die Oberschenkelinnen- und -außenseiten, Hüfte und Po in Form.

Legen Sie sich auf den Rücken, die Hände liegen unter dem Po, die Handflächen zeigen nach unten. Die Beine möglichst stark strecken und zusammenpressen.

Langsam die Beine heben, bis sie senkrecht zum Boden stehen.

Die Beine möglichst weit zu beiden Seiten öffnen.

> **VORSICHT**
> Wenn Ihr Rücken beim Senken der Beine ein Hohlkreuz bildet, sind Ihre Beine zu tief. Heben Sie sie so weit an, bis Bauchmuskeln und Hüftbeuger sie allein halten können.

In einer kontrollierten Bewegung die Beine schließen, dabei gestreckt lassen und senkrecht zum Boden halten.

Die Füße langsam bis knapp über den Boden absenken.

Knapp über dem Boden die Beine erneut in einer langsamen, kontrollierten Bewegung so weit wie möglich öffnen.

Die Beine schließen und von vorne beginnen: Beine heben, bis sie senkrecht zum Boden stehen. Die Füße nicht ablegen.

SPRINTER-SITUP

Dies ist kein gewöhnlicher Situp. Die Arm- und Beinbewegungen über Kreuz zwingen die stabilisierenden Core-Muskeln, aktiv zu werden, während die dynamische Kniearbeit die Hüftbeuger trainiert.

Legen Sie sich auf den Rücken. Die Arme liegen seitlich am Körper, die Beine sind gestreckt.

Mit einer explosiven Bewegung aufsetzen, dabei gleichzeitig das rechte Knie an die Brust ziehen und den linken Arm wie beim Laufen nach vorn schwingen.

VORSICHT

Nicht den Rumpf drehen, während Sie die Arme schwingen. Hüfte und Schultern müssen während der gesamten Übung nach vorn zeigen.

Das rechte Bein ganz strecken und den linken Arm in die Ausgangsposition zurückbringen.

Wieder aufsetzen, diesmal das linke Knie an die Brust heranziehen und den rechten Arm nach vorn schwingen. Wiederholen und Arm- und Beinbewegungen wie beim Sprinten im Wechsel ausführen.

09
ÜBUNGEN FÜR BEINE UND PO

HOCKSPRUNG I

Die Übung ist ein hervorragender Stoffwechsel-Turbo, der jedes verfügbare Quäntchen Energie und Koordination beansprucht, während er den großen Muskelgruppen des Unterkörpers alles abverlangt.

Stehen Sie aufrecht mit schulterbreit geöffneten Füßen. Die Zehen zeigen nach vorn.

Das Gewicht auf die Fersen verlagern, einatmen und in die Hocke gehen. Den Oberkörper lang machen und die Core-Muskeln aktivieren.

ÜBUNGEN FÜR BEINE UND PO

Mit aktivierten Core-Muskeln einatmen, über die Fersen abdrücken und hochspringen. Zur Unterstützung im Sprung die Arme nach hinten schwingen.

Möglichst weich und geräuschlos aufkommen. Dazu Fußgelenke, Knie und Hüfte beugen, um den Körper abzubremsen.

HOCKSTAND

Diese einfache Variante der herkömmlichen Kniebeuge ist ein isometrisches Krafttraining. Sie strafft aber auch Oberschenkel und Po und mobilisiert die Hüfte. Machen Sie sich auf Muskelkater gefasst.

1

Stehen Sie aufrecht. Die Füße schulterbreit öffnen, die Zehen zeigen nach vorn.

2

Das Gewicht auf die Fersen verlagern, einatmen und die Knie beugen, dabei den Körper senken, bis die Oberschenkel parallel zum Boden sind. Die Arme nach vorn strecken, um im Gleichgewicht zu bleiben. Halten.

AUSFALLSCHRITT II

Der seitliche Ausfallschritt trainiert das Gleichgewicht in der Bewegung und kräftigt und strafft gleichzeitig die Gesäßmuskeln sowie die Oberschenkelvorder- und rückseiten.

Stehen Sie aufrecht. Die Arme hängen seitlich neben dem Körper, die Zehen zeigen nach vorn.

Das linke Bein mit einem großen Schritt vom Körper weg zur Seite setzen. Den Oberkörper lang lassen und das Gewicht auf den Fersen halten. Die Hüfte nach hinten schieben und den Körper senken, bis der Oberschenkel des gebeugten Beins parallel zum Boden ist.

Mit dem gebeugten Bein abdrücken und Hüfte und Knie strecken, um in die Ausgangsposition zurückzukehren.

WADENHEBEN & SPRUNG

Diese Kombination ist vom Balletttraining inspiriert. Sie kräftigt und modelliert die Waden, treibt den Puls in die Höhe und trainiert den Quadrizeps mit einer plyometrischen Bewegung.

Stehen Sie aufrecht mit schulterbreit geöffneten Füßen. In den Ballenstand gehen und ausbalancieren. Langsam die Fersen zu Boden senken. 4-mal wiederholen. Jedes Mal die Fersen möglichst hoch anheben.

Die Knie leicht beugen und in einer fließenden, aber gleichwohl dynamischen Bewegung hochspringen und die Fußinnenseiten zueinanderbringen. Hüfte, Knie und Fußgelenke beugen und weich aufkommen. 4-mal wiederholen.

SKATERSPRUNG

Die Übung ahmt die Laufbewegung eines Eisschnellläufers nach. Die Sprünge kräftigen die Beinmuskulatur, schulen Gleichgewicht und Koordination und bringen das Herz-Kreislauf-System auf Touren.

ÜBUNGEN FÜR BEINE UND PO

1 Aufrecht stehen, das Gewicht ruht auf dem rechten Fuß, das Knie ist leicht gebeugt. Das linke Bein hinter dem rechten kreuzen und die linke Hand zum Boden führen.

2 Vom rechten Fuß abdrücken und auf den linken springen. Im Sprung den rechten Arm nach vorn und den linken Arm nach hinten bringen.

3 Auf dem linken Fuß aufkommen und den rechten Fuß hinter dem linken kreuzen. Gleichzeitig die rechte Hand zum Boden führen. Wiederholen. Der Seitenwechsel sollte fließend erfolgen.

KNIEBEUGE

Die Kniebeuge ist eine komplexe Ganzkörperübung, an der vor allem Oberschenkel- und Hüftmuskulatur sowie die Gesäßmuskeln beteiligt sind. Sie trägt auch zur Kräftigung der Core-Muskeln bei, indem sie die Muskeln im unteren Rücken und die Bauchmuskeln aktiviert.

Stehen Sie aufrecht. Die Füße stehen schulterbreit, die Zehen zeigen nach vorn.

Einatmen und die Knie beugen, als wollten Sie sich auf einen Stuhl setzen. Am Ende der Bewegung sollten die Oberschenkel parallel zum Boden sein. Die Knie über den Fußgelenken halten, den Oberkörper lang machen.

SKISPRUNG

Die Übung ist vom Abfahrtslauf inspiriert. Sie kräftigt Waden, Quadrizeps und Gesäßmuskeln. Gleichzeitig treibt sie den Puls in die Höhe und fordert Gleichgewicht, Koordination und Core-Stabilität heraus.

1 Stehen Sie aufrecht. Die Zehen zeigen nach vorn und das Gewicht liegt auf den Fersen. Einatmen und in eine halbe Kniebeuge gehen.

2 Core-Muskeln aktivieren, ausatmen und mit beiden Füßen auf eine Seite springen. Den Abstand zwischen den Füßen beibehalten. Hüfte und Schultern zeigen nach vorn. Die Arme beugen, als hielten sie Skistöcke.

3 Möglichst weich und geräuschlos aufkommen. Fußgelenke, Knie und Hüfte beugen, um den Körper abzubremsen und wieder in die halbe Kniebeuge zu bringen.

HOCKSPRUNG II

Die Übung kombiniert eine Kniebeuge mit einem Sprung in den Ausfallschritt. Sie verbrennt mehr Kalorien als jede andere Körpergewichtsübung. Der Stoffwechsel-Turbo aktiviert Oberschenkelvorder- und -rückseiten, Po und Core-Bereich. Bewegen Sie sich bei korrekter Haltung explosiv.

TRAINERTIPP
Wenn der Sprung zu anspruchsvoll ist, verzichten Sie darauf und wechseln Sie zwischen Kniebeuge und Ausfallschritt.

Stehen Sie aufrecht, die Füße sind schulterbreit geöffnet. Einatmen und in die Kniebeuge gehen.

Die Core-Muskeln aktivieren, ausatmen und hochspringen. In der Luft die Beine zum Scherensprung öffnen.

Mit dem linken Fuß vorn aufkommen und geführt in den Ausfallschritt gehen.

Aus dem Ausfallschritt explosiv hochspringen und die Bein grätschen, um die Kniebeuge vorzubereiten.

Core-Bereich aktivieren und in einer tiefen Kniebeuge landen. Fußgelenke, Knie und Hüfte sind gebeugt.

Über die Fußballen abdrücken und kraftvoll hochspringen. In der Luft die Beine zum Scherensprung öffnen.

Mit dem rechten Fuß vorn landen und in den Ausfallschritt gehen. Im Wechsel wiederholen.

ÜBUNGEN FÜR BEINE UND PO

SKIHOCKE

Die Skihocke ist eine intensive Cardio-Übung, die auf dem herkömmlichen Hocksprung aufbaut. Sie ist geeignet, um Gesäßmuskeln, Quadrizeps und hintere Oberschenkelmuskulatur in Form zu bringen.

1 Stehen Sie aufrecht, die Füße sind in Schrittstellung, der linke befindet sich vor dem rechten.

2 Mit viel Kraft hochspringen, sodass beide Füße vom Boden abheben. In der Luft mit den ausgestreckten Beinen eine Scherenbewegung machen.

3 Weich aufkommen, der linke Fuß steht wieder vorn.

TRAINERTIPP

Denken Sie sich einen Rhythmus: Links, Schere, links, Sprung, Hocke, rechts, Schere, rechts, Sprung, Hocke. Setzen Sie die Füße so auf, dass Sie den Rhythmus hören.

ÜBUNGEN FÜR BEINE UND PO

Erneut hochspringen, diesmal die Füße hüftbreit öffnen und das Aufkommen in der Hocke vorbereiten.

Fußgelenke, Hüfte und Knie sind gebeugt, um den Körper beim Landen abzubremsen. Der Oberkörper bleibt lang, der Core-Bereich aktiviert.

In die ganze Hocke gehen, explosiv hochspringen und in Schrittstellung aufkommen. Jetzt ist der rechte Fuß vorn. Mit rechts wiederholen.

EIN- & AUSWÄRTS

Die plyometrische Hocke aktiviert Quadrizeps, Gesäßmuskeln und hintere Oberschenkelmuskulatur. Sie trainiert Gleichgewicht und Koordination, aktiviert den Core-Bereich und kräftigt den gesamten Unterkörper.

Stehen Sie aufrecht. Das Gewicht auf die Fersen verlagern. Einatmen, Hüfte und Knie beugen und in die Hocke gehen. Die Oberschenkel möglichst parallel zum Boden bringen.

Einen kleinen Sprung machen und die Füße zur Seite öffnen, sodass sie mehr als schulterbreit stehen. Wieder in die Ausgangsposition springen und wiederholen. Beim Springen möglichst tief in der Hocke bleiben.

WAAGE

Die vom Yoga inspirierte funktionelle Übung verlängert die hintere Oberschenkelmuskulatur und fordert das Gleichgewicht heraus. Sie werden diese scheinbar einfache Übung auf der Rückseite Ihrer Oberschenkel spüren!

TRAINERTIPP
Wenn Sie Probleme haben, im Gleichgewicht zu bleiben, senken Sie die Arme und stützen sich mit den Fingerspitzen leicht auf dem Boden auf.

1 Stehen Sie aufrecht. Die Füße sind geschlossen, die Arme hängen seitlich am Körper.

2 Einatmen und langsam aus der Hüfte vorbeugen: den Oberkörper senken und die Arme nach vorn strecken. Dabei ein Bein anheben, bis Oberkörper, Arme und Bein parallel zum Boden sind. Mit dem Ausatmen in einer fließenden Bewegung den Oberkörper aufrichten und die Arme sowie das Bein senken. Mit dem anderen Bein wiederholen.

SCHRITTSPRUNG

Beim Schrittsprung werden Sie Ihre Beine sofort spüren, und Ihr Puls wird in die Höhe schnellen. Dieses Quadrizeps-Training erfordert Gleichgewicht und Koordination. Achten Sie während der gesamten Übung auf eine korrekte Haltung.

1 Stehen Sie aufrecht, mit dem rechten Fuß vor dem linken. Den Oberkörper möglichst lang machen. Beide Beine beugen und in den Ausfallschritt gehen. Das vordere Knie darf nicht über die Fußspitze ragen.

2 Kraftvoll hochspringen, sodass sich beide Füße vom Boden lösen. In der Luft die Beine mit einer Scherenbewegung wechseln.

VORSICHT
Versuchen Sie, so weich wie möglich zu landen, indem Knie, Hüfte und Fußgelenke den Körper gemeinsam abbremsen.

ÜBUNGEN FÜR BEINE UND PO

3 Im Ausfallschritt mit dem linken Fuß vorn weich aufkommen.

4 Erneut hochspringen und in der Luft die Beine mit einer Scherenbewegung wechseln. In Ausfallschritt weich aufkommen, nun wieder mit dem rechten Fuß vorn.

AUF & AB

Bei dieser Übung wird eine einfache Bewegung – das Aufstehen vom Boden – zur Herausforderung. Verbessern Sie Ihre Core-Stabilität und kräftigen Sie Gesäßmuskeln, Oberschenkel und die hintere Oberschenkelmuskulatur, indem Sie sich auf und ab bewegen.

Beginnen Sie im Kniestand. Den Oberkörper lang machen. Der Kopf ist aufrecht, die Schultern sind hinten und die Core-Muskeln sind aktiviert. Legen Sie ein gefaltetes Handtuch unter die Knie, wenn nötig.

Das rechte Bein nach vorn ziehen und den Fuß vor dem Körper aufstellen. Das Knie sollte um 90 Grad angewinkelt und der Oberschenkel parallel zum Boden sein.

TRAINERTIPP
Je schneller Sie die Übung machen, desto mehr steigt Ihr Puls. Denken Sie jedoch immer daran: Erst kommt die korrekte Haltung, dann das Tempo.

ÜBUNGEN FÜR BEINE UND PO

3

Das linke Bein nach vorn bringen und den linken Fuß neben dem rechten aufstellen. Sie sollten nun in der Hocke sein, wobei beide Knie um 90 Grad angewinkelt und die Oberschenkel parallel zum Boden sind.

4

Das rechte Knie in den Kniestand zurückbringen, anschließend auch das linke. Wiederholen und im Wechsel mit dem rechten und dem linken Bein beginnen.

209

HOCKE & BEINHEBEN

Stählen Sie Ihren Po mit dieser Variante einer herkömmlichen Hocke. Mit dem Beinheben zur Seite erhöht sich der Anspruch dieser Übung um ein Vielfaches, denn Hüfte, Gesäßmuskulatur und das stabilisierende Bein erfahren eine zusätzliche Herausforderung.

Stehen Sie aufrecht, die Füße schulterbreit geöffnet, die Zehen zeigen nach vorn. Das Körpergewicht liegt auf den Fersen. Einatmen, die Knie beugen und in die Hocke gehen.

Ausatmen und über die Fersen hochdrücken. Die Gesäßmuskeln im Stand zusammenpressen und ein Bein möglichst hoch seitlich anheben. Das Gewicht ruht auf dem Standbein. Beide Knie zeigen nach vorn.

STEIGERUNG
Wenn Sie die Schwierigkeit dieser Übung steigern möchten, beugen Sie das Knie des angehobenen Beins und ziehen Schulter und Ellbogen derselben Seite zum Knie hin. Das trainiert die schrägen Bauchmuskeln.

ÜBUNGEN FÜR BEINE UND PO

Das Bein absetzen und in die Hocke zurückkehren.

Wiederholen und diesmal das andere Bein seitlich heben.

211

BEINHEBEN MIT DREHUNG

Beinheben im Vierfüßlerstand trainiert den Core-Bereich, den unteren Rücken und die Beine. Mit jedem Beinheben kräftigen Sie die drei Gesäßmuskeln (*Musculus gluteus maximus*, *M. gluteus medius* und *M. gluteus minimus*) und erhalten einen festeren, runderen Po.

Beginnen Sie im Vierfüßlerstand. Die Hände stehen schulterbreit und die Knie befinden sich direkt unter der Hüfte. Die Knie sind gebeugt, die Fußspitzen angezogen und die Bauchmuskeln angespannt.

Ein Bein in der Verlängerung des Körpers heben, bis der Oberschenkel parallel zum Boden ist.

TRAINERTIPP

Beginnen Sie langsam und mit kleinen Bewegungen. Wenn Sie die Übung beherrschen, können Sie die Bewegungsabfolge beschleunigen: heben, drehen, treten, senken.

Das Knie nach außen drehen, bis sich das Schienbein im 45-Grad-Winkel zum Boden befindet.

Mit dem Fuß quer über die Mittelachse des Körpers nach oben treten. Über die dem angehobenen Bein gegenüberliegende Schulter nach hinten schauen. Stellen Sie sich vor, dass Sie mit der Ferse Ihre Stirn berühren. In die Ausgangsposition zurückkehren.

SEITHEBEN

Das Seitheben ist eine vom Ballett inspirierte Bewegung, die Core-Stabilität erfordert und die schrägen Bauchmuskeln, die Hüfte und die Oberschenkel trainiert.

Beginnen Sie im Vierfüßlerstand. Die Hände stehen schulterbreit und die Knie befinden sich direkt unter der Hüfte. Das rechte Bein nach hinten strecken, dabei die Hüfte gerade halten. Core-Muskeln aktivieren, indem Sie den Bauchnabel Richtung Wirbelsäule ziehen.

Das rechte Knie nach vorn führen, bis das gestreckte Bein einen rechten Winkel zur Körperachse bildet. Nicht die Ellbogen beugen oder ins Hohlkreuz fallen.

Das Bein kontrolliert in die Ausgangsposition zurückbringen und die Übung mit dem anderen Bein wiederholen.

AUSFALLSCHRITT III

Der Ausfallschritt nach hinten ist eine Übung mit geringer Belastungsinstensität, die den Quadrizeps, die hintere Oberschenkelmuskulatur, Gesäß- und Wadenmuskeln kräftigt.

Stehen Sie aufrecht. Die Hände liegen auf den Hüften.

Den rechten Fuß weit nach hinten setzen. Die Hüfte senken, bis der linke Oberschenkel parallel zum Boden und das linke Knie über dem Fußgelenk ist. Das rechte Knie soll unterhalb der Hüfte um 90 Grad angewinkelt sein, und zu Boden zeigen.

In den Stand zurückkehren und wiederholen. Diesmal das linke Bein nach hinten setzen.

REGISTER

1-2-Stütz 156
3-Tage-Trainingsplan 116–117
7-Tage-Trainingsplan 118–119
14-Tage-Trainingsplan 120–121
28-Tage-Trainingsplan 122–125
30 Minuten Allround, Übungsfolge 104–107

A

Abnehmen 18
Alles in Action, Übungsfolge 72–73
Apps für Smartphone 22
Auf & Ab 208–209
Auf dem Sprung, Übungsfolge 75
Auf, Auf, Ab, Ab 180–181
Ausfallschritte
　Ausfallschritt I 33
　Ausfallschritt II 195
　Ausfallschritt III 215
　Schrittsprung, 206–207
　Tiefer Ausfallschritt 34
Auspowern, Übungsfolgen zum
　30 Minuten Allround 104–107
　Alles in Action 72–73
　Auf dem Sprung 75
　Beinhölle 59
　Bikinifigur 86–87
　Bleib am Ruder 90
　Core-Killer 74
　Dreisatz 68–69
　Feurige Fünf 76–77
　Figurformung und Fettabbau 94–95
　Fit in 4 Minuten 98–99
　Fit von Kopf bis Fuß 60–61
　Fit wie Jumping Jack 70
　Gib alles! 64–65
　Großes Einmaleins 78
　Hard-Core 79
　Hol dir Schwung! 66
　In die Knie! 88–89
　Knackiger Po 91
　Kreislauf-Turbo 92–93
　Leg einfach los! 58
　Mission Bauchfrei 71
　Powerstunde 1 108–109

　Powerstunde 2 110–111
　Powerstunde 3 112–113
　Schlanke Schenkel 67
　Sprint intensiv 83
　Stark & straff 80–81
　Strahlender Stern 82
　Voll Stoff 96–97
　Zyklus 62
Ausrüstung 22
　Faszienrolle 22
　Gewichte 22
　Handtuch 22
　Schuhe 22
　Yogamatte 22
　Zeitmesser 22

B

Ballenpresse 162
Beine in Bestform, Übungsfolge 52
Beine und Po, Übungen für 192–215
Beinheben 172
　Beinheben mit Drehung 212–213
　Beinheben mit Grätsche 186–187
Beinhölle, Übungsfolge 59
Beinpendel, 182
Bergsteiger 133
Bikinifigur, Übungsfolge 86–87
Bleib am Ruder, Übungsfolge 90
Brett 168
　Brett & Boxschlag 178
　Brett & Drehung 179
　Brett & Sprung 173
　Seitliches Brett 176–177
Burpee, 130–131
　Burpee mit Beinheben 134–135
　Burpee Total, Übungsfolge 63

C

Cardio-Übungen, 128–147
Core-fit, Übungsfolge 53
Core-Killer, Übungsfolge 74
Core-Übungen 168–189
Countdown, Übungsfolge 55

D

Dehnen vor und nach dem Work-out 32–37
Die fabelhaften Vier, Übungsfolge 41
Die Kraft der Drei, Übungsfolge 51
Dreimal drei, Übungsfolge 44
Dreisatz, Übungsfolge 68–69

E

Ein- & auswärts 204
Einfach HIIT, Übungsfolge 40
Einsteiger, Übungsfolgen für
    Beine in Bestform 52
    Core-fit 53
    Countdown 55
    Die fabelhaften Vier 41
    Die Kraft der Drei 51
    Dreimal drei 44
    Einfach HIIT 40
    Enduro 42
    Fantastisch fit 47
    HIIT Me Again 45
    Hoch und tief 46
    Jede Sekunde zählt 43
    Kein Stillstand 49
    Mit HIIT ins Ziel 48
    Schneller, länger, stärker! 50
    Stufe 1, 40–44
    Stufe 2, 45–49
    Stufe 3, 50–55
Enduro, Übungsfolge 42
EPOC (excess post-exercise oxygen consumption) 16
Erholung 28–29
Ernährung 20–21
    Ernährung vor und nach dem Work-out 20
    Ernährungsplan zum Abnehmen 20–21

F

Fantastisch fit, Übungsfolge 47
Faszienrolle 22, 28-29
Fett verbrennen 16
Feurige Fünf, Übungsfolge 76–77
Figurformung und Fettabbau, Übungsfolge 94–95
Fit in 4 Minuten, Übungsfolge 98–99
Fit von Kopf bis Fuß, Übungsfolge 60–61
Fit wie Jumping Jack, Übungsfolge 70
Fitnesstest 24–25

G

Gestreckte Winkelhaltung 35
Gewichte 22
Gib alles!, Übungsfolge 64–65
Glykogen, 20
Grashüpfer 136–137
Großes Einmaleins, Übungsfolge 78

H

Handtuch 22
Hard-Core, Übungsfolge 79
Herz, Gesundheit 18
HGH (Human Growth Hormone) 18
HIIT
    Definition 16
    Frauen und 15
    Intensität, hohe 16
    Intervalltraining 16
    versus herkömmliches Cardio-Training 14–15
    Vorteile 18
HIIT Me Again, Übungsfolge 45
Hoch und tief, Übungsfolge 46
Hocke
    Hocke & Beinheben 210–211
    Hocksprung I 192–193
    Hocksprung II 200–201
    Hockstand 194
hohe Intensität, Definition 16
Hol dir Schwung!, Übungsfolge, 66
Hüftöffner 36
Kniebeuge 198
    In die Knie! 88–89
    Skihocke 202–203

I

In die Knie!, Übungsfolge, 88–89
Indianapolis Colts, Cheerleaderinnen 10–11
Intensität 16
Intervalle 16

J

Jede Sekunde zählt, Übungsfolge 43
Jumping Jack I 128
Jumping Jack II 139
Jumping Jack III 144
Jumping Jack IV 165

K

Kalorien
  Abnehmen 21
  Ernährungsplan 21
  verbrennen 16
Kein Stillstand, Übungsfolge 49
Knackiger Po, Übungsfolge 91
Kniebeuge 198
Knieheben, 140
Körperfettanteil 25
Krabbe 158–159
Kreislauf-Turbo, Übungsfolge
  92–93

L

Langlaufsprung 132
Leg einfach los!, Übungsfolge 58
Liegestütz I 150–151
Liegestütz II 152–153

M

Mission Bauchfrei, Übungsfolge 71
Mit HIIT ins Ziel, Übungsfolge 48
Mitochondrien 18
Models 10–11
Mumie 141
Muskelmasse 18

N

Nachbrenneffekt *siehe* EPOC

O

Oberkörper-Übungen 150–165

P

Perfekt fit 100
Power-Knie 146
Powerstunde 1, Übungsfolge 108–109
Powerstunde 2, Übungsfolge 110–111
Powerstunde 3, Übungsfolge 112–113
Plyometrische Übungen *siehe* Sprünge
Pyramide 36

R

Radfahr-Crunch 170
Ruder-Crunch 174–175
Russische Drehung 171

S

Schlanke Schenkel, Übungsfolge 67
Schneller, länger, stärker!, Übungsfolge
  50
Schrittsprung 206–207
Schuhe 22
Seitbeuge 169
Seitliches Brett 176–177
Seitheben 214
Sidesteps & Hocke 142–143
Skatersprung 197
Skihocke 202–203
Skisprung 199
Slalomsprung 145
Smartphone-Apps 22
Sphinx 163
Spiderman 164
Sprint 138
Sprint intensiv, Übungsfolge 83
Sprinter-Situp 188–189
Sprünge
  Hocksprung I, 192–193
  Hocksprung II, 192–193
  Skatersprung 197
  Skisprung 199
  Slalomsprung 145
  Stern 147
Stark & straff, Übungsfolge 80–81
Stern 147
Strahlender Stern, Übungsfolge
  82
Strecken 160–161
Strecken über Kreuz 184–185
Stufen der Intensität 16

T

Tiefer Ausfallschritt 34
Tiger-Liegestütz 154–155

Trainingspläne
  3-Tage-Trainingsplan 116–117
  7-Tage-Trainingsplan 118–119
  14-Tage-Trainingsplan 120–121
  28-Tage-Trainingsplan 122–125
Trio Terrible 84
Trizeps-Dip 157

U

Übungsfolgen
  für Einsteiger
    Beine in Bestform 52
    Core-fit 53
    Countdown 55
    Die fabelhaften Vier 41
    Die Kraft der Drei 51
    Dreimal drei 44
    Einfach HIIT 40
    Enduro 42
    Fantastisch fit 47
    HIIT Me Again 45 Hoch und Tief 46
    Jede Sekunde zählt 43
    Kein Stillstand 49
    Mit HIIT ins Ziel 48
    Schneller, länger, stärker! 50
  zum Auspowern 58–113
    30 Minuten Allround 104–107
    Alles in Action 72–73
    Auf dem Sprung 75
    Beinhölle 59
    Bikinifigur 86–87
    Bleib am Ruder 90
    Core-Killer 74
    Dreisatz 68–69
    Feurige Fünf 76–77
    Figurformung und Fettabbau 94–95
    Fit in 4 Minuten 98–99
    Fit von Kopf bis Fuß 60–61
    Fit wie Jumping Jack 70
    Gib alles! 64–65
    Großes Einmaleins 78
    Hard-Core 79
    Hol dir Schwung! 66
    In die Knie! 88–89
    Knackiger Po 91
    Kreislauf-Turbo 92–93
    Leg einfach los! 58

Mission Bauchfrei 71
Powerstunde 1 108–109
Powerstunde 2 110–111
Powerstunde 3 112–113
Schlanke Schenkel 67
Sprint intensiv 83
Stark & straff 80–81
Strahlender Stern 82
Voll Stoff 96–97
Zyklus 62

V

V-Situp 183
Voll Stoff, Übungsfolge 96–97
Vorbeuge aus dem Stand 32

W

Waage 205
Wadenheben & Sprung 196

X

X-Sprung 129

Y

Yogamatte 22

Z

Zeitaufwand 18
Zeitmesser 22
Ziele setzen 26–27
Zyklus, Übungsfolge 62

DANK

Mein Dank gebührt vielen tollen Menschen, die Zeit, Energie und mehr als nur ein bisschen Schweiß aufgebracht haben, um dieses Buch zu realisieren.

Dank an DK Publishing, dass Sie an mich geglaubt und dieses Projekt möglich gemacht haben. Ich hoffe, unser Buch ermutigt seine Leserinnen, ihre persönlichen Fitnessziele anzugehen und mit Freude daran zu arbeiten.

Besonderer Dank gilt meinen Redakteurinnen, Brook Farling und Ann Barton, deren Begeisterung und Leidenschaft für das Projekt bis zum Schluss keine Grenzen kannten. Ohne Euch wäre es nicht gegangen.

Vielen Dank an Nigel Wright für die fantastische visuelle Gesamtgestaltung.

Ein großes Cheers! an Brandt Construction, die uns für die Fotoaufnahmen einen spektakulären Ort zur Verfügung gestellt haben. Auch dafür, dass Ihr aufgepasst habt, dass wir nur einmal im Lastenaufzug stecken geblieben sind.

Ein RIESIGER Dank geht an meine Klientinnen. Euer Schweiß hat mich Seite für Seite motiviert, und eure Hingabe und Entschlossenheit sind meine tägliche Inspiration.

Besonderer Dank an Tom Zupancic (Zup): für deine Weisheit, die Türen, die du mir geöffnet und das Feuer, das du in mir entfacht hast. Ebenso an Tracy Anderson, die mich auf diesen Weg gebracht hat.

Danke an die Indianapolis Colts, die Familie Irsay, Pete Ward, Stephanie Pemberton und Kelly Tilley für die Möglichkeit, Teil einer solchen Organisation zu sein und die Cheerleaderinnen der Indianapolis Colts zu trainieren.

Danke an Breanna, Brittany, Crystal Anne und Erin, die dieses Buch mit ihrer Kraft und Schönheit zum Leben erwecken. Riesiger Dank gebührt Matt Bowen. Seine Fotos erfassen perfekt die Entschlossenheit, körperliche Attraktivität und Kraft von HIIT sowie die Kraft und das Selbstvertrauen der Models – GROSSE BEWUNDERUNG!

Zu guter Letzt gilt mein Dank den Leserinnen. Welches Ziel Sie sich auch gesetzt haben, ich hoffe, dieses Buch fordert Sie heraus und inspiriert Sie. Ich verspreche nicht, dass HIIT einfach ist, aber die Anstrengung lohnt sich.

Widmungen

Für Rochelle und Chloe. Worte reichen nicht aus, um auszudrücken, was ihr mir bedeutet. Es ist ein Segen, euch zu lieben und von euch geliebt zu werden.

Für meine Familie und meine Freunde nah und fern, deren Liebe und Unterstützung mir erlauben, zu glauben, dass alles möglich ist. Insbesondere für meine Mutter und meinen Vater, die mir sowohl Wurzeln als auch Flügel gegeben haben.

Zu guter Letzt für jeden, der einen Traum oder ein Ziel hat: Erst wenn Sie Ihr altes Ich zurücklassen und voller Vertrauen ins Unbekannte springen, werden Sie entdecken, wozu Sie tatsächlich imstande sind.

Ihre Flügel gibt es schon; Sie müssen nur noch fliegen.

Sicherheitshinweis

Lassen Sie vor Trainingsbeginn einen Gesundheits-Check beim Arzt durchführen und besprechen Sie mit ihm Ihr Vorhaben. Die Leser sind dazu aufgefordert, dieses Buch und die darin enthaltenen Informationen, Ratschläge und Anleitungen nicht als Ersatz für die Beratung durch einen Arzt, Physiotherapeuten oder anderen fachkundigen medizinischen Berater anzusehen. Verlag und Autor übernehmen keine Verantwortung für Verletzungen und Schäden an Personen oder Sachen, die eventuell bei der Ausführung der Ratschläge und Anleitungen dieses Buchs entstehen.

Bildnachweis

Seiten 20/21

Adzukibohnen – Coleman Yuen © Pearson Education Kirschen – Tim Draper © Rough Guides

Kichererbsen – John Freeman © Dorling Kindersley

Edamame – Sabine Scheckel / Photodisc © Getty Images

Avocado – Simon Smith © Dorling Kindersley

Bohnen und Tomaten – Tara Stevens © Dorling Kindersley

Broccoli – Howard Shooter © Dorling Kindersley

Blaubeeren – Claire Cordier © Dorling Kindersley

Rote Linsen – Steve Gorton © Dorling Kindersley

Mandeln – Steve Gorton © Dorling Kindersley

Quinoa – Roger Phillips © Dorling Kindersley

Alle anderen Bilder © Dorling Kindersley Limited
(Weitere Information siehe: www.dkimages.com)